El Enemigo es el Socialismo

Lic. Leonardo Ramos

MMXX

CONTENIDO

Dedicado primeramente a Dios, mi pareja, familiares y amigos, a los que comparten mi pensamiento político y a los que no… a todos les debo algo.

Muy especialmente a mi hija Ana Joaquina, mi pequeña héroe y mi ejemplo a seguir.

PRÓLOGO
Por Marcos Polesel

En mis últimos años en la universidad me vino a la mente una pregunta que en el momento no pude responder: ¿Cómo es posible que luego de 5 años de una carrera universitaria (en gerencia y administración de empresas), yo no pudiera entender un debate político?

¿Imagínense cómo se puede sentir un joven que faltándole poco para culminar sus estudios profesionales, no pueda entender verdaderamente una discusión entre políticos en un programa de televisión? Para ser honesto me sentía muy mal.

Esta realidad presentó un desafío que me impulsó a emprender una carrera autodidacta para lograr superar mi desconocimiento y alcanzar una mínima comprensión de los temas políticos.

Poder entender la política no es poca cosa, porque la verdad es que los políticos y sus acciones tocan todos los ámbitos de la vida, los individuos, las familias y la sociedad en su conjunto.

La tarea entonces fue la siguiente, hice un inventario de todos los conceptos que oía en esos debates y los fui clasificando en dos grandes grupos o conjuntos: Derecha e Izquierda.

Para hacer esta clasificación consulté personas que tenían profundos conocimientos de estos temas, entre ellos el más importante y el que luego formara parte de la elaboración del Mapa Ideológico fue el Profesor Carlos Sabino (1), quien me recomendó estudiar el diccionario de Ideologías Políticas de Norberto Bobbio, Nicola Matteucci y Gianfranco Pasquino.

1.- Sociólogo, egresado de la Universidad de Buenos Aires, y doctor en Ciencias Sociales por la Universidad Central de Venezuela, de la cual es profesor titular. Es docente universitario desde 1970; en la actualidad, ejerce en la Universidad Francisco Marroquín de Guatemala. Entre sus obras principales figuran: *Diccionario de economía y finanzas*; *De cómo un Estado rico nos llevó a la pobreza*; *La seguridad social en Venezuela*; *El fracaso del intervencionismo: apertura y libre mercado en América latina*; *Desarrollo y calidad de vida*; *El proceso de investigación*; *Cómo hacer una tesis* y *Los caminos de la ciencia* (estas tres últimas, publicadas por Lumen-Hvmanitas). Actualmente, trabaja en un libro sobre historia contemporánea de Guatemala

La lectura era interesante pero este diccionario contenía muchos conceptos y algunos no eran de fácil clasificación. Fue entonces cuando le propuse a Carlos Sabino elaborar un mapa ideológico donde se pudieran encontrar todos los conceptos y que cada uno de ellos estuviese ubicado correctamente dentro de un esquema de fácil comprensión. Le encantó la idea y nos pusimos a trabajar inmediatamente sosteniendo reuniones semanales durante casi un año.

Mientras esto sucedía, en el año 2.002 el profesor Sabino estaba formando parte en la fundación de una organización política de derecha liberal en Venezuela, iniciativa a la cual me invitó a participar y en la que comencé a colaborar en el área de la formación de las personas que se iban incorporando.

Justamente para esa formación fue fundamental la utilización del mapa ideológico que pudimos culminar y plasmar en un diseño profesional gracias a la ayuda de una excelente diseñadora gráfica quien logró interpretar visualmente lo que nosotros sabíamos en áreas de conjuntos, subconjuntos e intersecciones.

Con nuestro Mapa Ideológico se realizaron cientos de talleres a nivel nacional, muchas personas descubrieron sus verdaderos ideales, principios, convicciones y por sobre todo entendieron su ubicación político-ideológica.

En una actividad que realizamos en Caracas en el año 2007, conocimos un grupo de jóvenes que venían de Puerto La Cruz, estado Anzoátegui para asistir al taller de inducción. Entre ellos estaba el autor de este libro, el licenciado Leonardo Ramos un joven que apenas iniciaba su despertar ideológico.

Muchos años después Leonardo se dio a la tarea de realizar un trabajo que se tenía que hacer, es decir, teníamos el mapa y podíamos dictar el taller pero esta herramienta padece de una debilidad; y es que no se explica por sí sola, necesita ser detallada a través de un taller o con la guía de un facilitador.

Era necesario hacer una especie de manual o instructivo, el cual confieso siempre quise hacer pero como no me considero bueno para la escritura, me costaba ponerme a redactar un texto que sirviera de guía en el manejo de esta herramienta infográfica. Este libro cumple cabalmente esa función.

 En el primer capítulo se alcanza justamente el objetivo de explicar el mapa ideológico y como utilizarlo de manera correcta.

Pero la obra de Leonardo Ramos no solo nos ayuda con la explicación del mapa ideológico porque si sólo se quedara allí sería un simple manual, muy por el contrario el libro incorpora en el segundo capítulo un análisis del espacio político-partidista ideológico en Venezuela. En este se hace una bitácora de la historia y antecedentes de todas las personalidades, líderes políticos y organizaciones que han existido en nuestra historia contemporánea hasta la cuarta república y luego desde su caída hasta la actualidad, ubicándolas dentro del mapa ideológico.

 Cuando estudien este capítulo comprenderán la utilidad del mapa para entender mucha de nuestra historia y empezar a sacar sus propias conclusiones, porque es precisamente en esta parte del libro donde se exponen elementos suficientes para evidenciar el fracaso del socialismo dejando al lector preguntándose ¿Cuál es la alternativa?

En el capítulo 3 ya nos adentramos en la materia específica de la ideología liberal.

En una primera parte se explican todos los principios y bases en que se sustenta la Democracia Liberal (que de una forma más extendida se entiende también como el Liberalismo Clásico), así como la manera en que han sido aplicados estos conceptos y sus políticas públicas en diferentes países de manera exitosa. Muchos podrán por primera vez leer uno de los más importantes de estos principios como es el del Gobierno Limitado.

La segunda parte del capítulo 3 por demás importantísima, se refiere al derrumbe de tres mitos clásicos en la cultura política y dialéctica en nuestro país, mitos que frecuentemente representan una piedra de tranca en los distintos talleres, charlas y foros que me ha tocado impartir y que Leonardo identifica y aclara de forma magistral.

Muchas veces se me viene a la mente un razonamiento: Para manejar un automóvil es necesaria una licencia de conducir, esta licencia no se expide por deporte sino que se obtiene luego de haber completado un curso de manejo teórico y práctico.

Una vez cumplidos con todos los requisitos, usted está preparado y autorizado para conducir un vehículo. Creo que el ciudadano para votar debería tener una licencia, y parte de la preparación que podría servir para obtener la licencia para votar seria este extraordinario libro.

De eso justamente es de lo que se trata el cuarto y último capítulo: el de la "formación ciudadana" por una parte y el de "acción política" por la otra.

Para poder proponer políticas públicas hay que saber y tener criterio. Este criterio viene definido cuando una persona tiene como referencia un marco conceptual e ideológico bien internalizado con el cual comulgue, toda persona que finalice de leer esta obra podrá dar un primer paso en esta dirección.

Parte de la importancia del libro de Leonardo es que deja muy claro con bases teóricas y ejemplos históricos concretos, que los términos "Izquierda" y "Derecha" si existen y que es sumamente importante saber qué significan.

Son muchas las personas que me dicen "yo no creo en eso de derecha e izquierda", "esos términos están superados", "lo de izquierda y derecha no sirve", "lo que se necesita es un buen gerente". Algunas de estas personas simplemente quieren evadir el hecho de que existe la ciencia política, pero hay muchísimas otras que lo dicen con el único objetivo de manipular. Este es un instrumento vital para evitar ser engañado o manipulado.

Lo que hace único y excepcional a "El Enemigo es el Socialismo", es que explica muchos conceptos utilizando el mapa ideológico algo que ninguna publicación había logrado hasta el momento, es por ello que se constituye como una herramienta para ayudar a todas aquellas personas que por profesión o por ciudadanía quieren participar y entender el debate político, comprender a otros cuando hablan de política y poder opinar con conocimiento. Además viene publicado en una época excepcional en la que el choque ideológico en Latinoamérica se está evidenciando como nunca antes.

El libro de Leonardo Ramos es recomendable para leer antes de participar en el taller de inducción ideológica, sirviendo también para el repaso y el entrenamiento de futuros instructores que promuevan la incorporación de más gente en la política.

El objetivo es vencer la ignorancia para que no puedan manipular más a las personas.

Para concluir, en relación al ámbito de la derecha liberal, estoy convencido que este libro sumará muchas personas a nuestras ideas lo que sería la base para un futuro mejor.

La Democracia Liberal es la alternativa al infierno disfrazado de felicidad que nos vende el socialismo, pero los liberales debemos prepararnos y armarnos con las debidas herramientas para combatir este infame enemigo, este libro es una de ellas.

AGRADECIMIENTOS

Mis gracias eternas a Dios que una y otra vez me ha demostrado que en los momentos difíciles y en aquellos de felicidad, siempre se mantiene fiel a mi lado.

A mis padres Sergio Ramos y Bolivia Alvarez, por sus consejos y sobre todo por ser ejemplos de integridad y rectitud; y a mi madrastra Ingrid por ser apoyo permanente.

A mis hermanos Maylin, Sergio, Humberto y Verónica; porque aunque ahora separados, siempre permanecemos juntos en espíritu y corazón.

A mi compañera Andreína y al hijo que la vida me dio Andrés, quienes comparten a diario mis buenos y malos momentos.

A Marcos Polesel quién fue la primera persona que me ayudó a enderezar mi brújula política a través de su poderosa herramienta como es el mapa ideológico, parte fundamental de este escrito.

Al profesor Alberto Mansueti, por su invaluable aporte al pensamiento liberal, por su paciencia, sabiduría y disposición a orientar y enseñar el camino a seguir.

A Pedro Pedrosa por darme esos valiosos consejos para lograr editar este libro.

A mis compañeros de la Organización Libertad y Democracia (OLD), en especial a William Tamiche y Asdrúbal Rojas, por su pasión y trabajo llevando adelante las ideas de libertad.

A todos mis grandes amigos quienes han permanecido fieles a pesar del tiempo, la distancia y las circunstancias.

Sobre todas las cosas agradezco a mi hija Ana Joaquina que con solo 7 años es la luz de mis ojos, la guía de mis pasos y el motor de mi vida.

INTRODUCCIÓN

¿Eres socialista o eres liberal?, ¿te has hecho alguna vez esa pregunta?

¿Sabes qué es el socialismo?, ¿Conoces realmente los preceptos que definen el liberalismo?

Una de las grandes tragedias históricas en Venezuela es la incapacidad que tiene la inmensa mayoría de responder a estas interrogantes. Nos hemos convertido de manera gradual en una sociedad que ignora y no profundiza en los temas de manejo político-económicos y simplemente nos dedicamos a repetir conceptos o ideas, en su mayoría falsas.

En Latinoamérica es casi una tradición declararse "socialista" de buenas a primeras, el socialismo que se puso muy de moda después de la segunda guerra mundial, penetró en la parte más profunda de nuestra psiquis colectiva y allí se quedó a echar raíces.

De generación en generación abuelos, padres e hijos; sienten que el socialismo es el mejor sistema político porque se trata de ayudar al prójimo, de atender las necesidades de los más pobres y de sentirse bien con uno mismo solo por pensar en el bienestar colectivo y en la justicia social.

La gran pregunta es ¿por qué?, cómo fue que nos convertimos en un "pueblo" socialista, ¿por qué nunca nos enseñaron que existen otras formas de llevar adelante las políticas de una nación?; ¿por qué rechazamos y satanizamos los sistemas de libre mercado?, ¿por qué la palabra capitalismo se convirtió en una ofensa y una marca negativa para quien se define como defensor de este sistema?

La verdad es que los socialistas han hecho un trabajo extraordinario, han sido pacientes y muy inteligentes al desplazar poco a poco las ideas liberales, hasta eliminarlas por completo de nuestro vocabulario.

En Venezuela muy pocos hablan de liberalismo, de capitalismo, de libre mercado, de poner límites al estado y devolverlo a sus funciones. Nos quitaron la palabra de la boca y con ella la posibilidad de visualizar una Venezuela distinta.

Penetraron las universidades, la academia, las artes, los medios; convencieron a jóvenes y viejos; a artistas, pensadores, escritores, estudiantes y amas de casa; nos pusieron una venda tan gruesa que nos dejaron políticamente ciegos ante otras formas de ver la función de los gobiernos. Nos engañaron, manipularon y mintieron. Nos vendieron el socialismo en las escuelas, en los lugares de trabajo, en las reuniones de amigos.

Nuestros políticos hicieron muy bien su trabajo, nos vendieron libertad y nos dieron miseria; nos hicieron esclavos para asegurar el gran negocio que significa manejar el poder.

Son más de 80 años de fracasos y corrupción, de un manejo excesivo del poder en detrimento de los ciudadanos, es mucho el tiempo perdido en ensayos socialistas que definitivamente deben terminar.

Es momento de mirar la otra cara de la moneda, de entender cómo nuestra nación puede alcanzar todo su potencial y desarrollo, de darle paso a la libertad, de dejar de ser PUEBLO para convertirnos en ciudadanos.

Espero que este libro ayude al despertar de la conciencia y a develar de una buena vez muchas verdades, mientras se derrumban mitos históricos.

Otra Venezuela es Posible.

Capítulo I
El despertar ideológico

"Naciste en una prisión que no puedes oler, probar ni tocar;
una prisión para tu mente"

Morpheus a Neo en la Película "The Matrix"

¿POR QUÉ INSURGIMOS?

"Nosotros… nos dirigimos a la nación para exponer las razones que nos obligaron a insurgir contra un gobierno devenido en tiranía, que como tal se arroje todos los poderes del estado y que pone en entredicho la independencia y la integridad territorial de la nación, su unidad, la libertad, la paz y la estabilidad de las instituciones… violando con ello los objetivos programáticos expuestos en el preámbulo de la constitución y desarrollados por esta.

…Las fuerzas armadas nacionales estarán siempre al servicio de la república y en ningún caso al de una persona o parcialidad política. Una normativa cuyo objeto es precisamente marcar el sendero que debe seguir la institución armada en aquellas circunstancias excepcionales… Es decir, un estado de cosas como el que hoy impera en Venezuela y la desgarra, en el que los representantes de los poderes del Estado violan de manera diaria y sistemática la constitución y las leyes que juraron cumplir y hacer cumplir.

…para impedir que el apolitismo obediente y no deliberante de las fuerzas armadas las transformara de pueblo en armas al servicio del Estado y de sus instituciones, en cómplices y sostén de usurpadores de la soberanía política de los traidores a la Patria, de los saqueadores de la hacienda pública de los hambreadores del pueblo en provecho propio…

I.- CON RESPECTO AL ESTADO, LA ORGANIZACIÓN DEL PODER PÚBLICO Y EL EJERCICIO DE LA SOBERANÍA POPULAR

…sin duda no existe una degradación mayor para una nación que aceptar pasiva e indiferente la conculcación sistemática y cotidiana de los más elementales derechos humanos… y la instauración de una tiranía que pretende ocultarse ostentando máscara de democracia, mientras usurpa la soberanía popular.

En Venezuela no existe separación alguna entre las ramas del poder público… A ese fin, y con anticipación a las elecciones, el candidato presidencial y la cúpula partidista se reúne… con el propósito deliberado de reducir el acto electoral a una farsa procesal mediante el fraude a la ley.

Este delito se consuma cuando el candidato y la directiva del partido escogen, a conveniencia, a aquellos miembros… que van a integrar el congreso. Pues la selección se hace en base a la docilidad y obediencia del futuro legislador a la voluntad eventual del presidente. Con ello se estructura un poder legislativo cautivo del poder ejecutivo, al que corresponderá, a su vez, nombrar a los integrantes del poder judicial.

Con esto, el candidato a la presidencia de Venezuela garantiza, de antemano, su control absoluto, real y efectivo de todos los poderes del Estado…

Esta situación… configura una tiranía…

La tiranía (…) se caracteriza por el ejercicio personal del poder, en provecho propio y en perjuicio de los opositores reacios, criminales sin más para el tirano, que no admite resistencia a su voluntad. La persecución personal, la privación de empleos, la expropiación arbitraria, la crueldad sanguinaria en la represión y el prodigar las ejecuciones capitales, en secreto con frecuencia, contemplan el cuadro de una tiranía típica…

Cabe entonces la pregunta obligada ¿Cómo pudo degenerar nuestra democracia en tiranía…? "…el tirano, que quiere más su bien que el común de todos (…) usa de su poder contra el pueblo de tres modos: 1. Procurando que sea necio y cobarde, para que no se levante contra él ni se oponga a su voluntad; 2. Introduciendo desafecto y desconfianza entre unos y otros...; 3. Haciéndoles pobres y metiéndoles en tan grandes hechos que no puedan acabarse, para que atentos siempre a su mal, nunca piensen cosa contra su señorío..."

I.- DE LOS DERECHOS DE LAS PERSONAS Y DE LAS GARANTÍAS DE ESTOS

DERECHO A LA VIDA, A LA LIBERTAD, A LA SEGURIDAD PERSONAL Y A LA INTEGRIDAD FÍSICA.

...si el fin último de un estado y su razón de ser es el logro del bienestar colectivo y la salvaguarda de la dignidad humana de todos y cada uno de los integrantes de la sociedad. ¿Cómo podrá calificarse al gobernante que por dejación, y a veces, por decisión deliberada permite y propicia que los habitantes del país sean habitualmente ejecutados por el hampa todos los fines de semana? ¿Cómo justificar las cuarenta víctimas de asesinato que solamente en la capital nos brinda semanalmente esta falsa democracia?... Sin duda, la respuesta es que estas violaciones sistemáticas y cotidianas de las obligaciones, indelegables e indeclinables que acompañan al ejercicio de la función pública responden al hecho de que la forma de gobierno imperante es una tiranía... Basta ver los periódicos... para darse cuenta de que con el debilitamiento del poder real de esta tiranía ha aumentado la indefensión de la población ante los órganos de seguridad del estado y el hampa común...

LIBERTAD DE EXPRESIÓN

Esta libertad es el pivote de la democracia y del estado de derecho... es por eso que nuestra Carta Magna... establece que "...todos tiene el derecho de expresar su pensamiento de viva voz y por escrito y de hacer uso para ello de cualquier medio de difusión sin que pueda establecerse censura previa…" Ahora bien, si no se atiende a las opiniones que sobre el sistema político y el gobierno emanan de la sociedad, a través de sus múltiples voceros,… se produce de hecho la negación del derecho a la libertad de expresión…. Precisamente la causa por la que el pueblo venezolano abandonó toda esperanza de recuperar la soberanía que le fue usurpada y el restablecimiento del imperio de la constitución y de las leyes y optó por hacer uso del derecho a la manifestación,… ya que el derecho a manifestar no es sino una derivación del derecho primario a la libertad de expresión,… A pesar de la violencia con que son reprimidas éstas formas desesperadas y exasperadas de repudio a gobernantes, a quienes se percibe como usurpadores de la legítima soberanía popular…

DERECHOS SOCIALES

Constituidos por el derecho a la protección de la familia, a la salud, a la educación y al trabajo… la participación equitativa de todos en el disfrute de la riqueza, según los principios de la justicia social… Derechos… de cuyo cumplimiento depende la ruptura del círculo de la pobreza… Una situación que en modo alguno está presente en la República como consecuencia del saqueo al tesoro público… para enriquecer a gobernantes corruptos y a sus cómplices a costa de empobrecer a la Nación, dueña legítima de ese patrimonio, expoliado y repartido como botín de guerra entre los miembros de una dirigencia política y económica que nunca ha velado por el BIEN COMÚN…

…¡Por eso insurgimos! Porque como venezolanos, bolivarianos, soldados de la Patria y hombres de honor no podíamos soslayar e ignorar las interrogantes formuladas. Menos aún las respuestas.

Y hoy, ante la situación de degeneración política, económica y sobre todo moral que continúa convulsionando y desgarrando la sociedad el **Movimiento Bolivariano Revolucionario (MBR-200)** exige la convocatoria a un referéndum nacional…

…De no ser esto posible, de imponerse los intereses mezquinos, espurios y antinacionales de las minorías dominantes, nada ni nadie podrá detener la continuación de los conflictos expansivos… que pudiera llevarnos a una guerra civil.

La historia contemporánea registrará en tal caso **las causas verdaderas y los responsables** de tamaño estremecimiento social.

AÚN PODEMOS EVITARLO.

Lo que acabas de leer, es un **Extracto del Documento de los militares insurgentes del 4 de Febrero de 1992.**

Este documento llamado ¿Por qué Insurgimos?, fue suscrito por todos los militares que participaron en el golpe de Estado del año 92 y además refrendado por una gran parte de la sociedad civil de la época. En este escrito los militares golpistas dan las razones por las cuáles se alzaron en armas y tratan de justificar ante la sociedad venezolana sus acciones.

El documento que es mucho más largo, explica con detalle el panorama político y económico del momento, que según los golpistas, eran causas suficientes para tomar la decisión de hacerse del poder por la fuerza.

¡Si!, así como lo leen, fue el difunto comandante Hugo Chávez y su camarilla quienes están detrás de este manifiesto.

Para el momento de escribir este libro han pasado 27 años desde los sucesos de febrero del 92. Lo increíble y que nos debe poner a reflexionar es el parecido con la actual realidad venezolana.

No hay duda de que si al final no se aclara que este documento fue escrito y firmado en la cárcel por parte de Chávez, tranquilamente se pudiese pensar que lo escribió cualquier venezolano que viva en esta época describiendo los resultados de 20 años de revolución bolivariana.

La pregunta nuevamente es: ¿Qué pasó?, ¿Cómo es que después de casi 30 años seguimos hablando de lo mismo con leves diferencias en la profundidad de cada tema. ¿Por qué después de 40 años de "Democracia" llevada adelante por la llamada cuarta república, Venezuela se hundió y llegó a tener esos nefastos resultados?

¿Es que no nos hemos dado cuenta que la tragedia venezolana no empezó con la llegada de Chávez al poder?, ¿a estas alturas no hemos entendido que Chávez y su revolución Bolivariana es consecuencia de algo y no causa de nada?

Veníamos mal, veníamos muy mal y la consecuencia de esto fue la aparición de un salvador que prometía más socialismo, frente a un socialismo fracasado.

¿Dónde perdimos la brújula?.... ¡Es hora de ubicarnos!

EL MAPA IDEOLÓGICO

Como sociedad perdimos el rumbo, estamos inmersos en un mar de conceptos que desconocemos pero que sin embargo los repetimos una y otra vez; tal vez por moda, quizás para demostrar nuestra inteligencia o simplemente para no quedarnos callados. La realidad es que en la mayoría de los casos no entendemos del todo estas cuestiones y a veces ni sabemos lo que estamos diciendo.

Muchos gritan a viva voz y con orgullo que son socialistas, que el socialismo es el mejor sistema que existe pero que lamentablemente en Venezuela no se ha sabido llevar adelante. Que el "socialismo bueno" es el de Canadá o el de los países nórdicos, desconociendo completamente que en ninguna de esas naciones se practica el socialismo y que su sistema imperante es la economía de mercado, es decir son países ¡Capitalistas!

Otros desprecian la palabra capitalismo como si de una grosería se tratara, dicen que los males del país son culpa del "neo liberalismo salvaje"; reniegan de Estados Unidos porque aunque se trata de uno de los países más ricos y poderosos del primer mundo "ese sistema", es más una prisión donde no puedes hacer lo que te da la gana porque son muy estrictos y puedes terminar en la cárcel.

Acusan a unos de ser de "derecha", se definen de izquierda, hablan de oligarquía, de dictadura, de democracia; otros tantos se llenan la boca porque son progresistas, reformistas, centristas o humanistas; algunos atacan ferozmente el "comunismo" pero defienden la intervención estatal en la economía, porque "hay que evitar abusos por parte de los empresarios".

Satanizan el socialismo cubano pero simpatizan con el gobierno de Allende en Chile, suspiran, añorando los progresos alcanzados durante la dictadura de Pérez Jiménez en Venezuela, pero despotrican del autoritarismo de Pinochet.

Unos odian el fascismo y el partido nacional socialista de Hitler por ser de "ultra derecha"; mientras que defienden los partidos socialcristianos o social demócratas por ser de izquierda pero moderada.

En fin hablamos, decimos, opinamos y peor aún nos autodefinimos políticamente; pero ¿realmente tenemos idea de lo que decimos?

Por supuesto que todos estos conceptos y sus distintas interpretaciones, pueden llegar a ser complicados y a veces confusos para la mayoría de las personas, por lo cual uno de los primeros promotores de la derecha política y de la democracia liberal en Venezuela, Marcos Polesel(1); creó el llamado mapa ideológico.

Como su nombre lo indica, el mapa ideológico de Marcos Polesel, es una herramienta didáctica, muy sencilla de explicar y entender; que utilizando simples conceptos ayuda a develar cada uno de los sistemas políticos por lo menos a grosso modo y finalmente nos aclara el panorama, para poder ubicarnos en base a nuestras creencias y pensamientos.

El propio Marcos Polesel en el texto de introducción al curso que lleva adelante en el que se utiliza el mapa como herramienta fundamental, explica en sus primeros párrafos el proceso y motivación inicial que lo llevó a la creación del mismo (2):

"A mediados del año 1996 comencé a tener interés por los asuntos políticos, pero me encontré frente a la implacable barrera de la ignorancia. Al tiempo que despertaba en mí una curiosidad por la política y los problemas públicos, también me enfrentaba a muchos conceptos que no comprendía y en muchos casos confundía; así empezaba yo el largo camino del conocimiento de las ideologías políticas. En muchas ocasiones lograba obtener la definición de ciertos conceptos pero desconocía luego su ubicación en el espectro político, factor importante de la distinción.

Gradualmente, poco a poco, fui inventariando las diferentes ideologías y corrientes políticas a fin de determinar el universo completo de estos conceptos. Al final de este trabajo surgió de manera espontánea y como una consecuencia lógica, la herramienta infografía denominada el Mapa de las Ideologías Políticas.

Si bien es cierto, la recopilación, el estudio y la comprensión de todos los conceptos sirven para minimizar en gran medida aquella ignorancia inicial, faltaba la operación de ordenar, condensar y graficar todo el

---

1.- Marcos Polesel, es Director Político Nacional del Movimiento Derecha Liberal Autonomista en Venezuela –. Licenciado en Ciencias Administrativas – Universidad Metropolitana de Caracas y Master en Gestión y Políticas Públicas – Universidad de Chile, además es líder fundador del Frente Nacional de las Derechas Unidas en Venezuela.

2.- Introducción al curso de estudio del mapa ideológico (Caracas 2.008)

material. Hecho esto es cuando se logra ubicar esos conceptos en un espacio determinado, identificable y claro para poder determinar las diferencias, semejanzas y coincidencias entre ellos.

Desafortunadamente la ignorancia generalizada en los temas políticos, ideológicos y su incidencia en la solución de los problemas públicos es aprovechada sin misericordia y contemplaciones por actores políticos que manipulan a la gente, cabalgando sobre esta ignorancia, con fines propios y particulares"

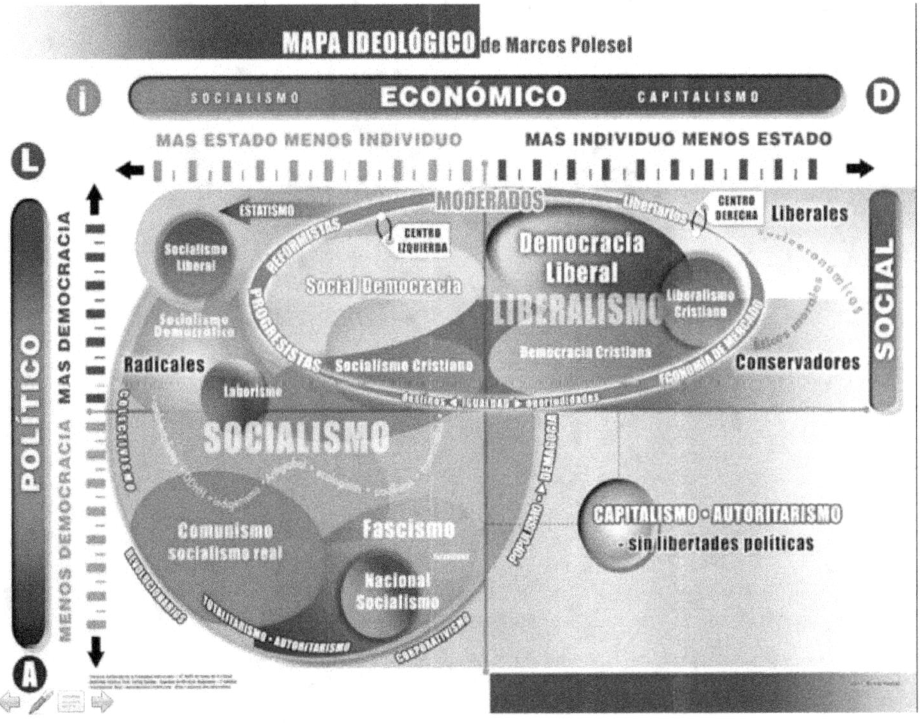

Para poder leer el mapa debemos entender que la política en general se maneja bajos tres grandes dimensiones. Todas ellas tienen un centro y una gradualidad:

1.- La Dimensión Política (Parte lateral izquierda del mapa), su gradualidad va del centro hacia arriba o hacia abajo. **Más democracia (libertad) o menos democracia (autoritarismo).**

2.- La Dimensión Económica (Parte superior del mapa), su gradualidad va del centro hacia la izquierda o hacia la derecha. **Más Estado y menos individuo (socialismo) o más individuo y menos Estado (capitalismo).**

3.- La Dimensión Social (Parte superior derecha del mapa), su gradualidad va del centro hacia arriba o hacia abajo – Está muy asociada a los sistemas democráticos, donde hay libertades civiles, pero toca temas que tiene que ver con preceptos ético morales. **Más libertario o más conservador.**

LA BATALLA POLÍTICA: DEL AUTORITARISMO A LA LIBERTAD

La primera de las dimensiones toca las libertades políticas de las que gozan los ciudadanos en una nación.

Dentro de los sistemas modernos de gobierno, las libertades políticas tienen mucho que ver con la existencia o no de los principios democráticos que garantizan por ejemplo: la libertad religiosa, libertad de expresión, de reunión, la participación de la ciudadanía en la elección de los gobernantes a través de mecanismos como el voto, la aplicación de un verdadero estado de derecho, igualdad ante la ley, la separación real y efectiva de los poderes públicos que debería evitar el uso y abuso del poder del Estado por parte de los gobernantes, entre otros.

Esta dimensión que como se dijo se representa en la parte izquierda del mapa, tiene su gradualidad hacia arriba o hacia abajo. Según sus ideales las personas se mueven del centro hacia arriba en la medida que creen más en la democracia como sistema político y del centro hacia abajo si por el contrario apoyan más los gobiernos de corte autoritario.

Aunque parezca absurdo en estos tiempos en los que la democracia es el fin último al que aspiran muchos países, no son pocas las personas que anhelan un Gobierno autoritario o a un dictador que venga a "poner orden".

En este plano político al empezar a ubicar tu pensamiento, debes preguntarte si prefieres un Gobierno más democrático o más autoritario.

Es momento de empezar a preguntarte, si crees que todas las libertades políticas y civiles son importantes o por el contrario piensas que hay libertades que se deben restringir. Si sientes que el Estado debe prohibir por ejemplo algunos partidos políticos, censurar algún medio de comunicación, controlar de forma efectiva los poderes públicos y las instituciones; o crees que las libertades políticas y la participación ciudadana incluso por encima del Estado son fundamentales en el desarrollo de una nación.

Si defiendes la democracia con todos los ingredientes que implica, tu percepción o ubicación política será del centro hacia arriba.

Si por el contrario apoyas el autoritarismo, donde por ejemplo no debe haber separación de poderes o donde las decisiones del estado sean manejadas por una sola persona (es decir un dictador); y simpatizas con regímenes fuertes con el que está prohibido disentir, ya que quienes gobiernan saben lo que es mejor para los habitantes de una nación. Entonces te debes ubicar del centro hacia abajo.

En este punto es bueno aclarar que como ven, la democracia y el autoritarismo nada tienen que ver con clases sociales, no se mencionan ricos o pobres ya que tanto las libertades políticas como la falta de ellas aplican a todos por igual. Es decir la democracia como sistema político nada tiene que ver con igualdad, pobreza, humanidad, manejo económico, justicia social, etc.

Esta dimensión es donde se pone en la balanza si el poder político institucional debe dejarse totalmente en manos del Estado, o por el contrario es vital la participación ciudadana y el respeto irrestricto a las libertades políticas y civiles.

¿Eres demócrata o autoritario?

LA DIMENSIÓN SOCIAL: CUESTIÓN DE MORALIDAD

Esta dimensión toca algunos temas que tienen base en preceptos ético-morales, familiares, de derecho civil e incluso de creencias religiosas. Se enmarca únicamente en la parte superior del mapa, es decir en aquellos sistemas donde hay libertades políticas.

Temas como el matrimonio homosexual, el aborto, la eutanasia, la legalización de las drogas, la adopción de hijos por parejas del mismo sexo, la libertad sexual, venta y consumo de licor, ley de matrimonio y divorcios, adopciones, sucesiones, herencias, control de armas entre tantas otras, son las que definen esta área del mapa ideológico.

Como se comentó la gradualidad de este concepto va del centro hacia arriba o hacia abajo. Esto te definiría como una persona de pensamiento más libertario en lo que a estos temas se refiere o más conservador.

Si te ubicaste en la parte superior del mapa (es decir si crees en la democracia y en las libertades políticas), entonces debes reflexionar si crees que cada persona es totalmente libre de hacer con su vida y con su cuerpo lo que desea y el Gobierno no se lo debe prohibir; o de forma contraria piensas que el Estado debe decidir e incluso penalizar algunas cuestiones o situaciones en las que la moralidad y creencias personales juegan un gran papel.

Si por ejemplo piensas que se debe legalizar la droga, porque si alguien quiere usar estupefacientes está en su derecho de hacerlo, si opinas que aquellas personas que se declaran homosexuales y deciden casarse o vivir juntos deben ser respetadas, si entiendes que la libertad de expresión debe ser plena y no se deben prohibir programas ni medios de comunicación (ya que cada ciudadano es libre de cambiar el canal o no exponerse a un medio si así lo desea), entonces vas a estar un poco más hacia arriba, es decir, eres una personas de pensamiento más libertario en lo que a estos temas se refiere.

Si por otra parte estás en desacuerdo con el matrimonio homosexual, con el aborto o si crees que el gobierno debe prohibir que la gente fume o incluso la pornografía, entonces estarás ubicado en la parte superior del mapa (democracia) pero dentro de los llamados conservadores.

Es evidente que en los sistemas autoritarios estos temas ni se discuten, ya que los mismos obedecen a lo que determine el estado. Cabe acotar que los gobiernos más autoritarios son en su mayoría conservadores en muchos de estos temas.

¿Te consideras libertario o conservador?

LA BATALLA ECONÓMICA: DEL SOCIALISMO AL LIBERALISMO

Esta es sin lugar a dudas la dimensión donde existe la mayor confusión, en la que los conceptos se mezclan, defienden, critican, satanizan y es el punto de partida para la división real de las dos grandes visiones de manejo económico en una nación: el socialismo y el liberalismo.

Así como en la zona Política y la dimensión social ya discutidas, la dimensión económica tiene sus gradualidades, es decir no hay blancos y negros, existen sus matices y zonas grises de lado y lado.

Recuerden que esta área se refiere única y exclusivamente al manejo económico de la nación a cómo cada visión política entiende debe ser llevada adelante la economía de un país.

Vamos a ubicarnos en la parte superior del mapa que como dijimos tiene su centro y sus diferentes gradualidades. Si te mueves del centro a la izquierda entonces crees que en lo que se refiere al manejo económico debe haber más Estado y menos individuo.

Mientras más a la izquierda te mueves, entonces vas pasando de un Estado intervencionista en materia económica, a un Estado completamente dueño de los factores de producción. De igual manera si te mueves del centro a la derecha, es porque entiendes que en la economía debe tener más participación el individuo a través de los emprendimientos privados, y por supuesto menos Estado.

He aquí la famosa Izquierda y Derecha. Hay que recordar que el Socialismo o comunismo propuesto por Marx en su obra El Capital, es una tesis económica que proponía (entre otras cosas) que se debía abolir la propiedad privada, para que el Estado tomara control de los factores de producción o también llamados puestos de mando de la economía; con el fin de evitar la plusvalía (explotación del hombre por el hombre) y con ello realizar un reparto equitativo de la riqueza bajo el principio de a cada quien según su necesidad y a cada cuál según su capacidad, en la búsqueda eterna de la justicia social. Todo esto a través de la lucha de clases.

Bajo este ideal, los gobiernos socialistas buscan bien sea controlar y/o dirigir la economía para según ellos evitar abusos por parte de los empresarios, o hacerse del control total de los factores de producción en búsqueda de la tan ansiada igualdad social.

Por el contrario, los gobiernos que se manejan bajo las premisas del liberalismo económico creen que el Estado no debe intervenir ni mucho menos ser dueño de los factores de producción de la economía, sino que son los individuos quienes deben competir libremente para que bajo la ley de la oferta y la demanda y el laissez faire (dejar hacer), lleven adelante el desarrollo económico de la nación.

En este punto quisiera aclarar que en la visión de manejo económico no hay medias tintas: o eres socialista o eres liberal. Hay quienes se declaran centristas pero cuando profundizas un poco en su forma de entender el manejo económico, normalmente tienden hacia una u otra postura.

Si eres de izquierda o sea socialista, evidentemente puedes ubicarte en las diferentes gradualidades que hay. Aunque el socialismo y el comunismo tienen la misma raíz ideológica, existen sus diferencias que se ven mayormente reflejadas en la concesión de ciertas libertades económicas, la defensa o no de la propiedad privada y la forma de acceder al poder político: Bien sea través de la fuerza y la revolución armada (revolucionarios, comunistas, radicales) o utilizando mecanismos democráticos (reformistas, progresistas, moderados).

Dicho esto vamos a empezar a entender las diferentes corrientes ideológicas que hacen vida en la izquierda socialista.

Entendiendo a lo que se refiere esta dimensión y a sus diferentes gradualidades, comenzamos con la llamada centro izquierda, como su nombre lo indica, simplemente en materia económica nos movemos del centro un poco hacia ese lado del mapa.

En esta área existen los llamados progresistas o reformistas, es el ala moderada de la izquierda que permite ciertas concesiones en materia económica, como por ejemplo la participación de los ciudadanos en la economía a través del sector privado con cierto respeto por la propiedad. Es decir creen en que debe existir una economía manejada por capital privado, pero bajo una fuerte regulación o dirigismo estatal.

En la centroizquierda se permite al Estado intervenir en la economía utilizando los más diversos mecanismos: controles de precios, controles de cambio, proteccionismo estatal, manejo de las tasas de interés, préstamos y/o subsidios gubernamentales, aranceles a la importación, expropiaciones bajo el pretexto de utilidad pública, entre otros. Quienes promueven esta postura ideológica incluso ven con buenos ojos que el Estado sea dueño o propietario de ciertos factores de producción que pueden llegar a considerar "estratégicos" para la nación.

Esto es el socialismo blando, el socialismo light, el socialismo moderado.

Si seguimos moviéndonos más hacia la izquierda entonces como dijimos antes hay cada vez más Estado y menos individuo, por lo que se va mermando la participación del sector privado en la economía, mientras que va creciendo la acción estatal. Vemos entonces que en las naciones donde existe un socialismo o una izquierda más radical hay cada vez menos privados. En estos sistemas el gobierno no sólo acentúa y radicaliza los controles, sino que se va apoderando de cada vez más sectores de la economía.

Entramos a una sistema económico en el que el gobierno es dueño no sólo de los sectores estratégicos o los puestos de mando, sino que empieza a estatizar hoteles, fábricas, haciendas, supermercados, cementeras, fábricas de cabilla y hasta areperas (por más increíble que parezca). Por este camino es evidente que llegamos a ver países donde se aniquila por completo la propiedad privada y todo pasa a manos del Estado por lo cual los ciudadanos solo participan como empleados del gobierno, con todo lo que esto significa.

Vamos a movernos ahora hacia el otro lado, veamos la otra cara de la moneda, movámonos hacia la derecha.

A diferencia de la izquierda la derecha no presenta gradualidades en la dimensión económica. Todos quienes apoyan el capitalismo liberal como sistema económico, coinciden que debe existir cada vez más individuo y menos estado. Apoyan la libertad de mercado, la desregulación, la propiedad privada de los factores de producción, la eliminación de políticas proteccionistas, subsidios, etc

Quienes ideológicamente simpatizan con esta propuesta entienden que debe existir un Estado que actúe en el plano económico, pero no interviniendo o regulando la economía, mucho menos como dueño de ningún sector productivo; sino más bien como un árbitro que vela por mantener viva la libre competencia y el libre mercado.

Un gobierno liberal en lo económico está atento para evitar cualquier acción que vaya en contra de la libertad; evita y sanciona los monopolios, oligopolios o cartelizaciones (sean públicas o privadas) que matan la competencia ya que entienden que mientras más jugadores existan en el mercado compitiendo entre sí para ganarse a los consumidores, esto redundará en productos y servicios de mejor calidad.

Los liberales entienden que la libre competencia es la única práctica fuera de la acción del Estado que baja los precios de los productos y servicios, aumenta la calidad, genera abundancia y redunda positivamente en los consumidores, porque al final son ellos quienes los consumen compran estos productos y servicios decidiendo quien gana y quien pierde en la economía de mercado, no unos politiqueros desde una oficina gubernamental.

Esta forma de ver el papel del Estado fomenta la llamada "democracia del consumidor", en la que todos los días en base a decisiones de compra personales y no coaccionadas, los ciudadanos de una nación premian o castigan a las empresas según su capacidad de satisfacer sus necesidades en base a precio, calidad y servicio.

Imaginemos un juego de fútbol en el que el Estado actúa como el árbitro. Los jugadores conocen las reglas y es deber del árbitro hacer que las mismas se cumplan y sancionar a quienes cometen alguna infracción, sanciones que van desde una llamada de atención hasta una expulsión.

En el momento del juego el árbitro permite que jueguen con plena libertad, no se mete, no toca el balón, no patea para uno u otro lado de la cancha, simplemente deja que gane el mejor, siempre y cuando cumplan con lo establecido en el reglamento. No apoya a un equipo o al otro por considerarlos débiles, no canta un penalti a favor de un lado para darle ventaja al equipo que va perdiendo, sólo se limita a sus funciones.

Esa es la visión del papel del Estado en la economía que propone la centroderecha, un estado pequeño pero fuerte, un árbitro imparcial que permita a los privados competir libremente. Se diferencia radicalmente de la visión socialista, que proponen un estado omnipotente y todopoderoso que no solo actúa de árbitro, sino que se mete a la cancha a jugar.

Hay quienes tildan a los movimientos de derecha de ser minarquistas y/o anarquistas por proponer límites a la acción del Estado, pero al igual que muchos otros estos son conceptos inventados y manipulados para desprestigiar los movimientos de derecha y desvirtuar sus discursos y acciones.

¿Te identificas como socialista o liberal?

Una vez respondas las tres preguntas finales planteadas en cada una de las dimensiones, te podrás ubicar dentro de una ideología, un paso fundamental para empezar a transformar tu realidad.

ENTENDIENDO LAS CORRIENTES POLÍTICAS

Es momento de ubicarse para saber cuál es la corriente ideológica que más se acerca a nuestra visión política, económica y social. Para entender el tipo de gobierno que hemos apoyado en el pasado, apoyamos actualmente o quisiéramos apoyar en un futuro.

Volvamos nuevamente la mirada al mapa y empecemos a develar las corrientes ideológicas, según su visión política, concepción del manejo económico y valores morales.

Si se ubica en la parte superior del mapa, es decir cree en la democracia como sistema de gobierno, pero a la vez entiende que el Estado debe regular, controlar y/o dirigir la economía e incluso apoya el hecho de que el Gobierno de turno puede apoderarse de uno que otro factor de producción, pero a su vez defiende la propiedad privada; entonces usted se mueve en el plano del socialismo democrático, también llamado socialdemocracia.

Alguno de los partidos más reconocidos en Venezuela que promueven esta ideología es Acción Democrática (AD), Voluntad Popular (VP), Movimiento al Socialismo (MAS), Primero Justicia (PJ), entre otros

Ahora bien si usted en cuanto a los valores es un poco más conservador, lo más seguro es que se vea mejor representado por el socialismo cristiano o el socialcristianismo que tiene como partido icónico en nuestro país a COPEI.

Si se mantiene dentro de los factores democráticos, pero promueve una mayor participación del Estado en la economía o cree que los sectores productivos deben estar en manos de los gobiernos; entonces se puede definir como un socialista liberal de izquierda, en este caso el término liberal se refiere a los preceptos morales.

Manteniéndonos en la izquierda del mapa, es decir en la visión socialista de la economía pero en la parte inferior en donde no existen libertades políticas, es decir si nos movemos en el ámbito del autoritarismo; nos encontramos con el fascismo, el nacional socialismo y el llamado comunismo real.

El partido nacional socialista mejor conocido como el partido Nazi, es uno de los más famoso representantes de la centro izquierda autoritaria. ¡Si! Hitler era un Gobernante de izquierda.

Para que podamos digerir esta aseveración, volvamos al plano económico. Durante el gobierno Nazi la economía era totalmente controlada por el Estado, se permitía la propiedad privada pero el Estado te decía que ibas a producir y a cuánto lo ibas a vender, es decir no existía una economía de mercado, mucho menos una economía libre, por lo que es evidente que en su accionar los fascistas y los nacional socialistas, eran gobiernos socialistas de centro izquierda, pero autoritarios no democráticos. Al igual que en el plano democrático, la mayor diferencia es que en el fascismo las empresas eran tuteladas por el Estado, mientras que en el marxismo las empresas son propiedad del Estado.

Así llegamos al comunismo, en el que aparte de ser Gobiernos de corte Autoritario con pocas o ningunas libertades políticas, controlan o son dueños de todos los factores de producción de la economía. Tales son los casos de países como Corea del Norte, Cuba (Aún con sus tímidas aperturas) y es el rumbo que está tomando Venezuela.

Veamos hacia el otro lado. Le toca el turno a quienes Defienden no sólo un sistema democrático que garantice las libertades políticas de los ciudadanos, sino que también entienden que las libertades económicas son el motor principal del desarrollo de las naciones. Son quienes se encuentran en la parte superior y a la derecha del mapa, es la visión del liberalismo democrático, también conocido como la democracia liberal.

Son quienes promueven la reducción del tamaño del Estado, devolver a los gobiernos a sus funciones básicas (Seguridad, Infraestructura, Ley y Orden). Defienden el principio neurálgico del liberalismo clásico: el gobierno limitado bajo una economía de libre mercado. De esto hablaremos más adelante.

Al igual que en las otras corrientes, si se ubica en el plano del liberalismo y dentro de los factores democráticos, pero tiene sus reservas morales en algunos temas de los ya planteados; entonces se puede decir que usted está dentro del grupo de los conservadores y se puede ver representado por la democracia cristiana o el liberalismo cristiano. Si en estos temas defiende más el individualismo y la libertad personal por sobre cualquier cosa, acepta el matrimonio de personas del mismo sexo, el aborto o como hemos dicho temas donde la moral, la familia y hasta la religión entran en juego; entonces usted puede autodefinirse como libertario, el ala más liberal del liberalismo (valga la redundancia).

Por último vamos al cuadrante inferior derecho del mapa, el área donde se mueve un gobierno autoritario pero con amplias libertades económicas, es decir es un capitalismo autoritario donde hay pocas o ningunas libertades políticas, pero se maneja bajo un sistema capitalista de libre mercado.

Un buen ejemplo de este sistema fue el que llevó adelante el presidente Pinochet en Chile; aunque se redujeron las libertades políticas, se puso en práctica una economía de mercado, en el que el Estado desafectó sectores de la economía y dio paso a un sistema con mayores libertades económicas, reduciendo la intervención estatal.

Por supuesto que todos estos conceptos son sólo la punta del iceberg de cada visión política, queda ya de parte de cada quién una vez mejor ubicado dentro del mapa ideológico, estudiar y profundizar sobre cada una de ellas si así lo quiere. Pero al comprender lo básico, estamos dando un paso enorme para poder entender y sobre todo reflexionar sobre el caso venezolano.

Ese es el camino que vamos a andar en las siguientes páginas.

Capítulo II
La Venezuela Socialista

"Desengáñense, el Bolívar puede llegar a valer 10 mil por dólar, 100 mil por dólar como el peso argentino, si nuestros gobernantes persisten en el camino equivocado que han traído"

Entrevista a Carlos Rangel en el programa Primer Plano – año 1.983

EN MANOS DE QUIEN ESTUVIMOS: LA HERENCIA DE LA IV REPÚBLICA

Llegó el momento de entender nuestra realidad, de empezar a despertar del letargo en que nos sumieron durante décadas, de desempolvar un poco nuestra historia olvidada, quitarnos la venda de nuestro presente para poder aspirar a un futuro distinto.

Este recorrido histórico lo haremos desde la llamada IV República, aunque pudiésemos remontarnos un poco más atrás y aún ver como el socialismo ha estado presente en nuestra nación por casi 80 años y contando.

Recordemos un poco y de manera breve el perfil de quienes dirigieron las riendas del país después de la caída de la dictadura, es decir desde el inicio del tan mencionado período democrático, esa etapa de nuestra historia que aún muchos recuerdan como los mejores años de nuestra Venezuela y a los que ansían volver.

Rómulo Betancourt: Político y periodista. (1.959 – 1.964)

- Miembro del Partido Revolucionario de Venezuela, que luego en 1931 se transformaría en el histórico Partido Comunista Venezolano (PCV)

- Funda en 1.931 en Barranquilla, la Alianza Revolucionaria de Izquierda (ARDI), partido que el mismo Betancourt describió como izquierdista y socialista El mismo año redacta el llamado Plan de Barranquilla que consistía en el análisis de la situación venezolana bajo la óptica de la dialéctica marxista.

- Fundador del Movimiento de Organización Venezolana (ORVE) en 1.936.

- Desterrado a Chile en 1.939, establece vínculos con el partido socialista chileno del cuál fue miembro Salvador Allende.

- Sus ideales de izquierda se reafirmaron durante su estadía en Costa Rica, donde se incorpora al partido comunista de ese país.

- En el año 1.937 es uno de los fundadores del Partido Democrático Nacional (PDN), considerado un frente de izquierda democrática.

- Finalmente funda en el año 1.941 el Partido Acción Democrática.

Es evidente que las raíces ideológicas de este nuestro primer presidente electo en el inicio de la era democrática venezolana, son de izquierda socialista. Aunque durante su etapa de formación política Rómulo Betancourt, se llegó a oponer a algunos Grupos Marxistas – Leninistas, ya que consideraba que la revolución contra el gomecismo debía hacerse bajo una alianza de clases y no sólo bajo la obra exclusiva de la clase obrera; Betancourt durante toda su vida fue un hombre socialista de izquierda primero revolucionario y finalmente progresista o moderado.

El partido Acción Democrática fundado por él y que actualmente sobrevive dentro de la política venezolana, es en definitiva una organización de izquierda socialista (económicamente hablando) y democrática (en el plano Político).

Raúl Leoni: Abogado y Político Venezolano. (1.964 – 1.969)

- Fundó junto con Rómulo Betancourt la Agrupación Revolucionaria de Izquierda (ARDI) y firmó el Plan de Barranquilla.

- Fue uno de los fundadores del movimiento de Organización Venezolana (ORVE)

- Pese a ser electo diputado al Congreso Nacional por el estado Bolívar le fue anulada su representación por vinculársele con la izquierda

- Miembro fundador de Acción Democrática (AD)

Rafael Caldera: Abogado, sociólogo, escritor, orador y político venezolano (1.969 – 1.974 y 1.994 – 1.999)

* En 1936 participó en la formación de la Unión Nacional Estudiantil (UNE) (agrupación política señalada en sus inicios por un ideario afín al falangismo español de José Antonio Primo de Rivera (1)); que el 1 de octubre de 1938 terminó convirtiéndose en partido político con el nombre de Acción Electoral.

* Funda junto con otros grupos el 13 de enero de 1946 el **Comité de Organización Política Electoral Independiente** COPEI, un partido de corte socialcristiano (2) es decir practicante del socialismo pero desde el punto de vista Cristiano.

* Durante su primer período llevo adelante un manejo económico, dentro de una misma idea de un estado interventor, empresario y asistencialista (3), es decir bajo un concepto de centro izquierda.

* En el año 1993 decide "autoexcluirse" de su partido y se presenta a la campaña presidencial, pero por un nuevo partido fundado por él mismo denominado Convergencia, con el apoyo de algunos partidos de izquierda Partido Comunista de Venezuela (PCV), Movimiento al Socialismo (MAS), Movimiento Electoral del Pueblo (MEP), entre otros.

* Durante el gobierno de Caldera fueron sobreseídos y salen en libertad los militares involucrados en el intento golpistas de 1.992. De alguna forma se podría decir que el período de gobierno de Caldera sentó las bases del ascenso de Hugo Chávez a la magistratura nacional.

1.- El **falangismo** o **nacionalsindicalismo** es una teoría económica y política fascista, nacida en la España de 1931, tomando en préstamo algunos segmentos de la ideología de la Italia de Mussolini y adaptándolos a las particularidades españolas, como el catolicismo. Su máximo exponente y fundador fue José Antonio Primo de Rivera, hijo del dictador Miguel Primo de Rivera. Es una ideología antiparlamentaria, contraria a los partidos políticos, que promovía un Estado totalitario y un modelo corporativista de sindicato único y vertical, que organizaba a los empresarios   y trabajadores al servicio de los intereses de la nación. / Fuente: https://www.caracteristicas.co/falangismo/#ixzz60Mc8RAxY

2.- Concepto según la RAE: Dicho especialmente de una idea o de un partido político: Que participan de los principios del socialismo y del cristianismo / Fuente: https://dle.rae.es/?id=YBoaqO5

3.- Fuente: https://www.monografias.com/trabajos84/gobierno-doctor-rafael-caldera/gobierno-doctor-rafael-caldera.shtml

Tanto Caldera como el partido COPEI, se alinean ideológicamente con un tipo de socialismo que igualmente cree en la democracia, pero profesa valores acordes con el catolicismo.

Es de notar que tanto Acción Democrática como COPEI, los principales protagonistas de la cuarta república y firmantes del llamado Pacto de Punto Fijo (junto con el URD); tienen como base ideológica el socialismo, ambos son de izquierda moderada pero fieles creyentes de la democracia como sistema político.

Carlos Andrés Pérez: Abogado, sociólogo, escritor, orador y político venezolano (1.974 – 1.979 y 1.989 – 1.999)

- En 1938, se incorpora a las filas del Partido Democrático Nacional, que luego daría origen al partido Acción Democrática (AD) en 1.941.

- Pérez en su primer mandato emprendió una política económica intervencionista que afectaba negativamente a las pequeñas y medianas empresas, y de paso ayudando a los grandes conglomerados (mercantilismo). También durante este primer período nacionalizó las industrias del hierro y el petróleo, dándole al Estado el manejo de la renta petrolera y otros sectores.

- Durante su segundo período de gobierno Carlos Andrés había entendido que el rumbo que había tomado la economía de Venezuela estaba errado, que tantos años de dirigismo y paternalismo estatal habían hecho un daño enorme y se propuso a realizar lo que él llamó "El gran viraje". Para llevarlo adelante emprendió una serie de medidas de corte "neo liberal", que tendría como finalidad desafectar (privatizar) una gran cantidad de empresas y reducir el tamaño e influencia del Estado en la economía.

Carlos Andrés Pérez tuvo un notable cambio en su postura y visión económica entre su primer y segundo período de gobierno. De un estado interventor, paternalista y nacionalizador de factores de producción, es decir de izquierda; a uno con mayores libertades económicas y con un objetivo claro de eliminar el dirigismo estatal; es decir tuvo un cambio de rumbo hacia un pensamiento más cercano a la derecha.

Antes de seguir quiero reafirmar lo anterior Pérez tuvo un pensamiento "cercano" a las políticas de derecha, pero no fue para nada un Gobierno de derecha; se trató de un sistema de gobierno de izquierda aplicando ciertas recetas liberales pero no un cambio real y profundo. Una de las principales razones de su fracaso.

Frente a estas tímidas reformas fueron muchos los factores políticos y económicos, que se opusieron a estas nuevas posturas.

Muchos intereses estaban siendo afectados, en lo político con la descentralización y otras decisiones en esa materia, como la introducción de la tecnocracia como sistema para la asignación de cargos públicos por encima de la tradicional partidocracia, que le restaba poder a los partidos tradicionales; y en lo económico con la reducción del poder del Estado que daba sus primeros y tímidos pasos a un sistema de libre mercado, con el cuál, los grandes empresarios en su mayoría mercantilistas que dependían del Estado para mantener sus fortunas, ahora veían comprometidos sus intereses o como mínimo se verían en la necesidad de competir con nuevos actores.

La era del monopolio bien sea estatal o privado se vieron afectados y no todos veían estos cambios con buenos ojos.

Luis Herrera Campins: Abogado, periodista, historiador y político venezolano, **(1.979 – 1.984)**

- Militó en la Unión Nacional de Estudiantes (UNE), perteneció al Partido Social Cristiano (PSC) y fue uno de los dirigentes juveniles más destacados del partido COPEI.

- El gobierno de Luis Herrera Campins se caracterizó por el aumento de la corrupción administrativa. Varios de sus altos funcionarios fueron acusados de cohecho y malversación. Tres ministros de la Defensa huyeron del país señalados como autores de robos al fisco Nacional. Uno solo de sus

Ministros desfalcó a la nación más de US$ 2.000 millones de dólares (1).

- Durante el periodo presidencial del Dr. Campins la deuda pública se incrementó en 100.000 millones de bolívares (De 80.000 a 180.000 millones de bolívares), cosa que como consecuencia dió inicio a un conjunto de problemas de cierta gravedad que junto con la baja en los precios del petróleo impidió el desarrollo normal de Venezuela. Al querer tomar ciertas medidas se estableció un control de cambios adjunto de una devaluación del bolívar con respecto al dólar americano, lo que históricamente se conoce como el Viernes negro. (1)

Jaime Lusinchi: Político y médico pediatra, venezolano, **(1.984 – 1.989)**

- En su vida como estudiante fue un activista político, además de secretario del Consejo Escolar de Medicina de la UCV, vicepresidente de la Asociación de la Juventud Venezolana (AJV) y vicepresidente de la Federación de Estudiantes de Venezuela (FEV), una organización radical permeable a las influencias marxistas. Posteriormente ayudaría a fundar Acción Democrática. (2)

- Dentro del partido socialdemócrata Acción Democrática (AD), Inició su carrera política, siendo diputado, senador y elegido candidato presidencial por este partido.

- Su gobierno fue de inestabilidad, realizo una política neoliberal aunque heterodoxa, sin embargo el modelo rentista proseguía en su política por lo que convertía a Venezuela en un país muy vulnerable a los precios internacionales del petróleo, lo que se tradujo en la profundización de la corrupción pública, y la crisis económica, social y política.

- En diciembre de 1986 decidió una devaluación del bolívar del 93% en el cambio oficial. En la primavera de 1987 el mandatario enterró el programa económico practicado desde el comienzo de su mandato cuando se negó a cubrir el servicio de la deuda externa, a controlar el déficit fiscal y a moderar el gasto público.

1.- Fuente: https://www.monografias.com/trabajos88/gobierno-luis-herrera-campins-1979-1984/gobierno-luis-herrera-campins-1979-1984.shtml

2.-Fuente: https://www.cidob.org/biografias_lideres_politicos/america_del_sur/venezuela/jaime_lusinchi

- Así, dispuso el aumento de los salarios, el bloqueo de los precios, la emisión de moneda y la dotación de nuevos bonos compensatorios y subvenciones.

Todo, para apaciguar las tensiones sociales, que en 1987 se manifestaron con fuerza hasta el punto de tener que desplegarse el Ejército para sofocar los disturbios, y, para poder encarar las elecciones generales de diciembre de 1988 con un mínimo de optimismo. Las consecuencias del volantazo económico fueron inmediatas: la inflación se disparó, las reservas de divisas peligraron y aumentaron los déficits presupuestario y de la balanza de pagos.

El retorno al populismo económico salvaguardó la estima del general de los ciudadanos por Lusinchi, según los medios de comunicación alta en todo momento, a pesar de la inquietante desvalorización monetaria, la imagen tolerante con la corrupción, las acusaciones de coaccionar a periodistas críticos y los insatisfactorios resultados de la Comisión Presidencial para la Reforma del Estado (COPRE).

- Fue juzgado por casos de corrupción presuntamente relacionados con su secretaria privada, Blanca Ibañez. Entre ellos el caso de una compra de Jeeps para la campaña de AD y el famoso caso de RECADI (Régimen de Cambio Diferencial)

Hugo R. Chávez: Militar y político venezolano. **(1.999 – 2.013)**

- La influencia de este político acusado a menudo de populista trascendió las fronteras de su país al propiciar el surgimiento en Latinoamérica de una nueva hornada de dirigentes de izquierdas, opuestos como él al neoliberalismo económico y a las injerencias estadounidenses (1)

- En 1992, Hugo Chávez lideró como comandante militar una intentona golpista para derrocar el gobierno de Carlos Andrés Pérez. Pese a ser acogido favorablemente por parte de la población, el golpe fracasó y Chávez fue detenido, juzgado y condenado a dos años de prisión en la cárcel de Yare (1992-1994)(1)

1.- Fuente: https://www.biografiasyvidas.com/biografia/c/chavez_hugo.htm

- Al frente del Movimiento V República y con el apoyo de varios partidos de izquierdas, Chávez presentó su candidatura a las elecciones presidenciales del 6 de diciembre de 1998 y resultó elegido con el 56,2% de los votos(1)

- Durante su gestión avanzó en la propuesta de profundizar en el denominado "socialismo del siglo XXI", para lo cual, entre otras decisiones, amplió el proceso de nacionalización de numerosas empresas de servicios. (1)

- Durante el período de Gobierno de Chávez se profundizó el Socialismo económico, como nunca en la vida Política venezolana, el Estado se convirtió en un verdadero Estado empresario dueño de empresas, corporaciones e industrias en diversos sectores económicos, desde Hoteles, cementeras, distribuidoras de alimentos, fábricas de vehículos y celulares; hasta las industrias pesadas, telecomunicaciones y por supuesto la siempre omnipresente renta petrolera.

Nicolás Maduro: Sindicalista y Político venezolano. **(2.013 –)**

- Cursó sus estudios secundarios en el liceo José Ávalos. Durante los años de su adolescencia perteneció militó en la Liga Socialista.

- Militó en el Movimiento Bolivariano Revolucionario 200 (MBR-200). Fue férreo activista por la libertad del Comandante Chávez cuando éste se encontraba en prisión por su participación en la insurrección militar del año 1992. En aquellos días, solía reunirse en la clandestinidad con los colectivos sociales que apoyaban el proceso revolucionario. Participó de manera destacada en la Dirección Nacional del MBR-200 (1994-1997) y fue fundador nacional de la Fuerza Bolivariana de Trabajadores (FBT), organización de la cual fue coordinador nacional.

- Fue asimismo miembro fundador del Movimiento Quinta República (MVR) y coordinador del Equipo Parlamentario de este paradigmático partido político entre los años 2000 y 2001. Más tarde, fue coordinador del equipo Parlamentario del Bloque del Cambio

---

1.- Fuente: https://www.biografiasyvidas.com/biografia/c/chavez_hugo.htm

en la Asamblea Nacional (AN) y Diputado al Congreso de la República de Venezuela desde el 23 de enero de 1999 hasta el 15 de diciembre de 1999.(1). Es designado vicepresidente de Venezuela y después de la muerte del presidente Chávez es elegido presidente de la República para el período 2013 – 2019

Por supuesto que el objetivo de este libro no es hacer una biografía exhaustiva de cada una de los personajes que han tenido la responsabilidad de manejar el poder ejecutivo en Venezuela; sino más bien presentar (como se hizo) un breve resume para dejar claras cuáles son las posturas ideológicas y los pensamientos en materia sobretodo de orden político, económico y social de los referidos mandatarios.

Tomemos entonces nuestro mapa ideológico, apliquemos los conceptos básicos adquiridos en cuánto a las dimensiones explicadas para determinar en qué lugar se ubican cada uno de los presidentes venezolanos de los últimos 60 años.

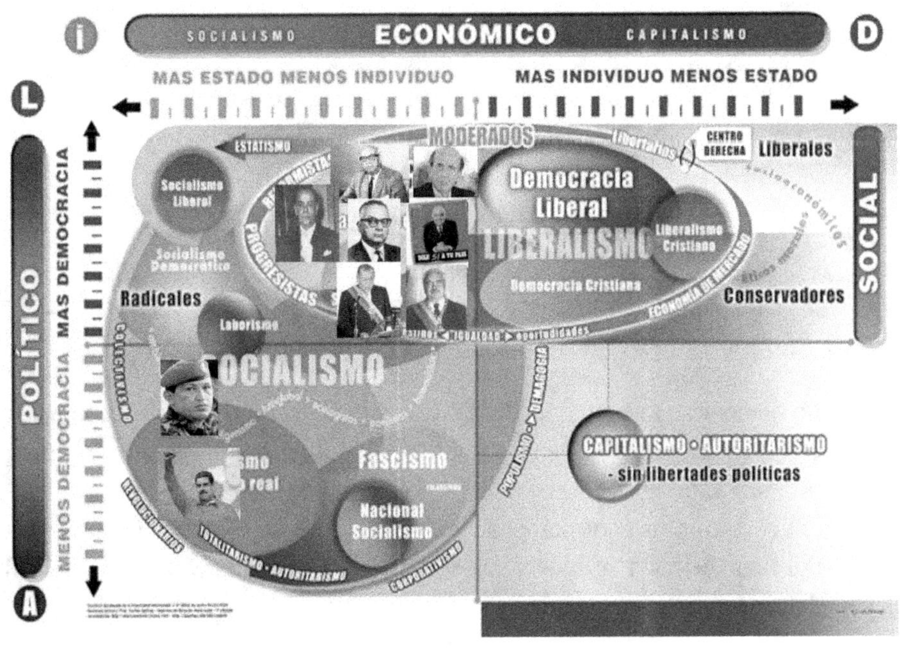

1.- Fuente: http://www.nicolasmaduro.org.ve/biografia

Para empezar a desenmascarar el entramado político de nuestra nación y de muchas otras naciones en Latinoamérica, debemos entender que existe una realidad que hay que develar: el socialismo es el sistema que ha sido practicado en Venezuela desde incluso mucho antes del inicio de la llamada era democrática.

Todos nuestros gobernantes han llevado adelante un sistema en el que el Estado ha regido no solo la economía, sino que ha ido creciendo a tal punto de establecerse como un ente omnipotente y altamente dirigista y paternalista.

Esta es nuestra realidad y nuestra verdad, habrá quienes hasta el momento de leer estas líneas desconocían estos hechos, porque eso es lo que son HECHOS y no los culpo porque estos son temas que históricamente se han tenido de alguna manera ocultos, bien sea sin querer o de forma premeditada. Habrá otros que lo suponían aquellos que piensan que algo no está bien, pero no saben cómo explicarlo e incluso hay personas que tienen pleno conocimiento de este panorama.

Sin importar cuál es el caso si has llegado a este punto, acabas de despertar, de entender o de ratificar una simple verdad: nuestra Venezuela ha estado bajo la sombra del socialismo desde siempre y nunca en nuestra historia se ha practicado ningún otro sistema distinto; nunca hemos experimentado un manejo capitalista de la economía y mucho menos ha existido una propuesta política que no venga de la izquierda socialista.

En Venezuela no se han experimentado las bondades del libre mercado ni han existido partidos políticos relevantes que sean de derecha.

La democracia no es tema de discusión ya que como ven a excepción de los dos últimos presidentes, el talante democrático ha sido parte de la visión política de quienes formaron el pacto de punto fijo. Ese no es el foco de este texto ya que la mayoría está de acuerdo que la democracia es el sistema político que nos provee mayores libertades, siempre y cuando se lleve delante de manera correcta.

El problema no es la dimensión política, el problema es la dimensión económica. ¡El enemigo es el socialismo!

A estas alturas muchos estarán pensando o preguntándose: ¿Pero por qué el socialismo es un problema?; ¿quién dijo que el socialismo es malo?; en la llamada cuarta república vivíamos mucho mejor; mis padres surgieron durante los gobiernos de AD y COPEI, mi abuelo se fue a estudiar becado al exterior, antes cualquier profesional se podía comprar una casa y un carro, en la cuarta los sueldos alcanzaban y muchos otros etcéteras.

Como vimos en el primer capítulo del libro, en el documento ¿por qué insurgimos? escrito por Chávez y los militares golpistas, se describe una Venezuela muy lejana a lo que se puede considerar un ideal de país.

No sólo este documento es reflejo de las consecuencias que se produjeron por la implementación del sistema socialista en Venezuela. Novelas como por estas calles, para quienes aún se acuerdan o canciones como la cotorra criolla de Perucho Conde escrita en 1.980 hace casi 40 años, reflejaban una realidad muy parecida a la que actualmente vivimos.

Aquí un extracto de esa canción:

Los cuatro reales que uno se gana
me los pagan hoy y no llegan a mañana
me provoca tirarme por la ventana
cuando veo que todo sube como le da la gana
mi mujercita tanto que se afana
pa' montar la olla o la palangana
saltando en los mercados igualito que una rana
buscando un kilo e' carne
aunque sea de iguana

Te lo juro pana, te lo juro pana!

Dígame el precio que está el café
la leche, las caraotas y el papel tualé
tomate, papa y queso baratos se ven
solo en la cuñas de la TV
si son las frutas dígame Ud.
quedaron pa' los ricos y familias de caché
esta gente que quiere yo no se

será que nos acostumbremos
por ahora a no comé

Si como nié, si como nié!

Subieron las arepas
subieron los cigarros
subieron los pasajes
de autobuses y de carros
el cinturón
yo me lo amarro
y no he caído
porque me agarro
ya casi no me baño
porque el agua es puro barro
y subí de peso
con tanto sarro
no puedo ni afeitarme
no hay agua en el tarro
y el INOS (1) no sabe
ni adonde queda el barrio

Pásame un jarro, pásame un jarro!

Aumentan los salarios pero sube la comía
subieron la tarifa en la barbería
y si la ropa mando pa' la tintorería
me quedo sin almuerzo por lo menos siete días
tampoco pido nada en la pulpería
porque el muergano pulpero ya no me fía
no puedo con los precios de la zapatería
y las fulanas alpargatas son más caras todavía

Que agua tan fría, que agua tan fría!

En cuanto a casa y a apartamentos
quisiera consolarme con uno de mis cuentos
pero, qué va, no puedo, mucho lo siento,
porque todos han subido hasta el firmamento,

lo mismo que comprado o arrendamiento
o lo que por ellos piden quita el aliento,
cuando hasta un rancho que se lo lleva el viento
cuesta un ojo de la cara más el diez por ciento,

¡por el momento! ¡por el momento!

Si acaso me enfermo, destino fatal,
o la clínica me arruina o me mata el hospital,
cucharadas y pastillas cuestan tanto real que
hay más plata en la farmacia que en el banco nacional.
Si por desgracia los doctores no pueden con mi mal
tengo que sacar más plata para el funeral,
porque la agencia más humilde, urna sin cristal,
por llevarme al cementerio me quita un dineral,
¡y me muero igual! ¡y me muero igual!

Las consecuencias de la intervención estatal en la economía y el crecimiento del tamaño del Estado en detrimento de los ciudadanos han tenido históricamente graves consecuencias, no sólo en el desempeño económico de las naciones, sino peor aún en el aumento excesivo de la corrupción y la pérdida de libertades económicas y políticas.

Aunque el llamado socialismo real se había puesto en marcha en algunos países, siendo su mayor referente la Rusia marxista - leninista, fue después de la segunda guerra mundial que las teorías económicas de dirigismo estatal de Keynes se implementaron en la mayor parte de los países del planeta. El Keynesianismo y el control del Gobierno sobre la economía, se llevó adelante en Estados Unidos, la mayor parte de Europa y por supuesto Latinoamérica. Todos sucumbieron ante la tesis de que los Gobiernos debían dirigir la economía e intervenir en la misma a fin de procurar un desarrollo continuo.

Se implementaron controles de precios, subsidios, se establecían tasas de interés, se aumentó el gasto público y hasta se estatizaron empresas con la excusa de evitar caídas y depresiones económicas.

1.- Instituto Nacional de Obras Sanitarias (INOS), antiguo ente venezolano responsable del suministro de agua

Todas estas medidas tuvieron éxito durante algún tiempo, pero al final fueron desechadas para darle entrada nuevamente a la economía de mercado.

El fracaso del socialismo tuvo como consecuencia que la mayoría de las naciones despertaran y abrazaran el capitalismo como sistema económico; lamentablemente Venezuela no fue una de ellas.

Muy por el contrario, mientras que a finales de los 70 y principios de los 80 dos grandes naciones Estados Unidos e Inglaterra, tomaban la bandera del libre mercado e iniciaban una cruzada en contra del estatismo llevando adelante una filosofía política y económica basada en la desregularización del sector financiero, la flexibilización en el mercado laboral, la privatización de empresas públicas y la reducción del poder de los sindicatos; en Venezuela Carlos Andrés Pérez celebraba la nacionalización de nuestras principales industrias.

Mientras el mundo desechaba las ideas socialistas de manejo económico por las graves consecuencias que habían producido en sus diferentes países, Venezuela iniciaba una era de excesivo gasto público de manos del Estado.

Cuando Margaret Thatcher en Inglaterra libró una batalla campal para desafectar, es decir privatizar una de sus principales industrias, la del carbón; en Venezuela Carlos Andrés Pérez estatizaba el hierro y el petróleo.

Al final del día la intervención de la economía, la supresión del libre mercado, los controles, regulaciones y demás formas de dirigismo, tienen el mismo resultado: inflación, escasez, especulación, desempleo, pobreza, corrupción, atraso social y económico.

Viendo los resultados del fracaso del socialismo en Venezuela durante los últimos 60 años, la pregunta sería ¿por qué?

¿Por qué se insiste en seguir experimentando o llevando adelante este sistema probadamente inútil?

En una entrevista realizada en el programa primer plano de Marcel Granier, al periodista y escritor Carlos Rangel en el año de 1.983, el moderador ya le hacía esta pregunta al referirse a su libro más exitoso, del buen salvaje al buen revolucionario:

"…Carlos plantea una serie de mitos (en el libro del buen salvaje al buen revolucionario) que han dirigido a nuestros líderes políticos y que han estado presentes en las concepciones políticas vigentes en Venezuela y en general en América Latina y que convendría de una vez por todas destruir, porque hasta el momento sólo nos han traído miseria, deudas y muy poco progreso.

Carlos, a qué atribuyes tu esa idea que existe en todos nuestros dirigentes políticos de que el socialismo es la solución, de que con el Socialismo está el progreso, está el adelanto y está la libertad. Cuando la demostración más palpable es ve en lo que han resultado esos programas. ¿Por qué crees tú que se empeñan en esa fórmula?; y así vemos a Acción Democrática pregonando un socialismo Democrático, a COPEI un Socialismo Cristiano y al MAS (Movimiento al Socialismo) un Socialismo Marxista…"

Recuerden hablamos del año 1.983 y ya se entreveía los resultados de la aplicación del socialismo como sistema económico, pero aun así había un empeño en insistir con la fórmula, un empeño que ha permanecido hasta nuestros días.

No creo que haya respuestas simples a la   pregunta que Marcel Granier hace a Carlos Rangel, o más bien no creo que exista una respuesta única para tal interrogante, pero podemos teorizar al respecto.

Comencemos con la idea de que existen actores políticos que de manera sincera y honesta, creen que el sistema funciona, que en su corazón y en su mente está muy firme la idea de que un sistema económico dirigido por el Estado, es la mejor manera de lograr una igualdad y la llamada justicia social. Esos que creen y defienden la tesis de que si dejas la economía en manos del mercado y de la libre competencia, entonces surgirán desequilibrios y abusos; que la intervención estatal a través de incentivos, subsidios, políticas proteccionistas, etc, son necesarias.

Este grupo que llamaré los idealistas, es muy posible que estén llenos de buenas intenciones, que actúen con honestidad en la búsqueda de reivindicaciones sociales, que sinceramente creen que es bueno dirigir la economía a través de controles de precios para mantener los productos al alcance de los más necesitados, que los altos aranceles a la importación son necesarios para proteger la producción nacional de la competencia extranjera, que hay que mantener controles de cambio para evitar fugas de capitales y asegurar la inversión interna y que el Estado debe mantener unas políticas sociales a costa de un elevado gasto público sin importar su viabilidad o consecuencias en el plano económico, porque hay que proteger al pueblo.

El problema de este grupo es que lamentablemente la historia ha demostrado una y otra vez de manera incesante, que el dirigismo y control estatal de la economía no funciona. Mejor dicho, puede llegar a funcionar o dar una sensación de prosperidad por cierto tiempo, pero a la larga las consecuencias son las mismas.

Sinceramente creo muy posible que por lo menos quienes dirigieron Venezuela los primeros 20 años de la llamada Cuarta República entran en esta categoría, eran personajes notables que expusieron su vida y su libertad, para lograr el cambio democrático en el país; que se sacrificaron por lograr el cambio político y salir del autoritarismo a un sistema de libertades (dimensión política del mapa), pero que lamentablemente tenían una visión socialista y nacionalista de la economía.

En otro extracto de la entrevista a Carlos Rangel en el año 1983, ya nos advertía que podía pasar si esos dirigentes no cambiaban sus posturas:

"Marcel Granier: ¿Hacia dónde crees tú que iría el país?

Carlos Rangel: Bueno si los ejemplos los tenemos, de nuevo solamente los ciegos o los que no quieren ver pueden ignorarlos. En el Cono Sur pasaba no hace mucho tiempo cosas parecidas a las que están pasando ahora en Venezuela; Políticas económicas equivocadas llevaron a situaciones como esta.

El peso Argentino… no hace muchos años… valía lo que valía un dólar, se cambiaba un peso por un dólar norteamericano, ¿Ustedes saben hoy cuántos pesos argentinos compra un dólar?; al cambio oficial 70 mil pesos, en el mercado negro que es público 100 mil pesos.

Marcel Granier: Bueno eso despúes de haber hecho devaluaciones y devaluaciones.

Carlos Rangel: Aunque varias veces le han quitado ceros a la moneda, han perpetrado el truco como hicieron en Francia una vez; que un billete de 100 mil pesos le quitan todos los ceros y vale 1 peso otra vez. El hecho es que la moneda de esos países, de Argentina, de Chile, de Uruguay, de Brasil y de Méjico más recientemente; han tenido una caída escandalosa que no es imposible para el Bolívar.

Quienes estamos con la ilusión de que el Bolívar no puede valer 10 por dólar, de que el dólar no puede costar 10 Bolívares, de que debe volver a 6, de que sería imposible que suba a 14 como dicen que dijo el Fondo Monetario. Desengáñense, el Bolívar puede llegar a valer 10 mil por dólar, 100 mil por dólar como el peso argentino, si nuestros gobernantes persisten en el camino equivocado que han traído."

Evidentemente persistieron en ese camino equivocado.

Siguiendo con nuestra teoría del por qué a pesar de ir de fracaso en fracaso y de estar más que comprobada la inviabilidad del socialismo, aún hay políticos que insisten en esta fórmula; nos encontramos con aquellos quienes usan el discurso de la lucha social, del interés por los pobres y desposeídos, de la igualdad y la justicia y sobre todo de la demagogia frente a la pobreza y los males del país, para acceder al poder con el único fin de enriquecerse ellos y su círculo cercano.

Son encantadores de serpientes que hablan de ayudar a los más necesitados pero que no tienen ninguna intención de sacarlos de la pobreza; porque al final del día **los socialistas necesitan que los necesites**.

Esta es la clase política que se ha encumbrado desde la caída de la llamada Venezuela Saudita hasta nuestros días, son los politiqueros que convirtieron los partidos en simples maquinarias electorales y clientelares, con el único objetivo de alcanzar el poder a toda costa.

Son quienes ven en la política su boleta para salir de la pobreza, y la forma de acceder a fortunas utilizando el aparato del Estado. Son los populistas que prometen y dicen lo que la gente quiere escuchar para ganar el voto y la simpatía del "pueblo". Quienes usan la demagogia y se afincan en las necesidades de los sectores más desposeídos, con el objetivo de ganar unas elecciones.

Estos nefastos personajes saben que el control de la economía sólo significa tener el control de la sociedad, que manteniendo a las personas sumidas en la pobreza se aseguran tenerlas bajo su dominio, siempre y cuando les regalen y prometan; son quienes utilizan la falsa esperanza para lograr una sociedad obediente y vendida.

Lo más terrible es que a esta clase política normalmente se le arrima una clase económica que aprovechándose de la situación hacen, negocios con los gobernantes de turno para aumentar sus fortunas. Son los mercantilistas de siempre, son una élite económica que bajo el amparo de la élite política hacen negocios, crean monopolios y levantan consorcios en base a prebendas y regalos. Se reparten los privilegios que te da el poder político y aquellos que te ofrece el poder económico, creando oligarquías y dejando por fuera a los ciudadanos.

En estas circunstancias se configura un status qúo que difícilmente permitirá que las cosas cambien. Estas élites no les interesa una sociedad libre, no quieren erradicar la pobreza porque necesitan de los pobres para mantenerse unos en el poder y otros haciendo negocios con el poder.

El Socialismo entonces es el único sistema que les permite mantener ese estatus qúo. Un sistema socialista de férreo control estatal, dónde los gobernantes tienen la potestad de otorgar préstamos y subsidios, que puede permitir y mantener monopolios, que protegen a quienes consideran y crean condiciones para la creación de fortunas entregando contratos, obras empresas y todo aquello que está bajo su dominio; es un sistema ideal para quienes ven la política como un negocio.

En la cuarta república y mucho más evidente en la quinta, hemos visto el surgimiento de grupos económicos que amparados bajo el ala del proteccionismo estatal y de los subsidios, préstamos u otro tipo de beneficio; han amasado fortunas impensables.

En Venezuela el gran negocio desde hace mucho tiempo es ser gobernante o por lo menos ser su amigo o familiar. Creo que sobrarían dedos de las manos a la hora de contar la cantidad de empresas, consorcios o personas que se hayan convertido en millonarios, fuera del ámbito del Estado. Hagan ustedes su ejercicio mental.

Lo que debemos tener claro es que **el socialismo en cualquiera de sus presentaciones, es veneno para las libertades individuales.**

EL PENSAMIENTO DE LA CLASE POLÍTICA ACTUAL:
SOCIALISMO vs SOCIALISMO

Más de cuarenta años de socialismo democrático tuvo que haber sido una lección para entender que estábamos transitando un camino equivocado, pero para nuestra desgracia como nación este socialismo moderado en vez de despertarnos hacia una nueva visión de manejo económico dándole paso a un sistema de libre mercado como ocurrió en la mayor parte del mundo, lo que hizo fue abonar el terreno para darle paso a un tipo de socialismo aún más radical, mas estatista, mas controlador, más dirigista y por supuesto con menores libertades.

El licenciado Alberto Mansueti en su escrito las leyes malas y el camino a la salida ya nos lo advertía:

"...el socialismo admite dos subespecies: el democrático que se impone mediante propaganda (engañosa); y el revolucionario que usa la intimidación, la coerción y hasta la violencia armada.

Mediante el toma y dame político, izquierdas... combinan socialismo democrático con mercantilismo, creando y repartiendo privilegios para oligarquías económicas y políticas a la vez.

Pero tras los inevitables fracasos del socialismo "blando" irrumpe siempre el más duro y radical"

Sería lógico que después de 40 años de socialismo blando y 20 años de socialismo revolucionario, algo hayamos aprendido como sociedad. Lo normal es que los ciudadanos estemos en la búsqueda de otra opción, que estemos dispuestos a dejar los experimentos socialistas a un lado para darle paso a la libertad económica y con ella a la prosperidad y el desarrollo.

Nada más lejos de este necesario despertar.

Para el momento que este libro se escribe, en Venezuela existe una agrupación de partidos que se autodenominan la oposición al Gobierno. Entre todos hay 4 que tienen una mayor representación y peso en sus decisiones: Acción Democrática (Socialismo Democrático), Primero Justicia (Socialismo Humanista), Voluntad Popular (Socialismo Democrático) y Un Nuevo Tiempo (Socialismo Democrático). Es decir todos partidos de izquierda socialista.

Esta mal llamada oposición y decimos mal llamada porque el socialismo no se opone al socialismo; representan más bien una disidencia política, es decir no se oponen al sistema (no pueden, creen en lo mismo); sino que consideran que ellos pueden hacerlo mejor, que este socialismo revolucionario es malo, que ellos representan al verdadero socialismo, el "socialismo bueno".

Hemos explicado suficientemente que el sistema socialista no funciona, no importa si lo lleva adelante Jaime Lusinchi, Hugo Chávez, Nicolás Maduro, Henrique Capriles o Leopoldo López. Al final el Problema es el socialismo como sistema, no el socialista de turno. Como dice el refrán "el mismo Musiú con diferente cachimbo"

Uno de los grandes genios de los últimos tiempos, Albert Einstein, en 1.949 escribió un ensayo que apareció en la revista Monthly Review de Nueva York, llamado ¿por qué el socialismo?

En este documento Einstein plantea que el sistema socialista es el mejor de todos, atacando ferozmente el capitalismo; sin embargo y después de un profundo análisis personal y de dar muchas razones por las cuáles el socialismo sería la solución, termina haciéndose unas preguntas que por supuesto no tienen respuesta y que son las consecuencias naturales de la aplicación del socialismo: la falta de libertad y la prominencia de une élite dominante:

"Estoy convencido de que hay solamente un camino para eliminar estos graves males, el establecimiento de una economía socialista, acompañado por un sistema educativo orientado hacia metas sociales. En una economía así, los medios de producción son poseídos por la sociedad y utilizados de una forma planificada. Una economía planificada que ajuste la producción a las necesidades de la comunidad, distribuiría el trabajo a realizar entre todos los capacitados para trabajar y garantizaría un sustento a cada hombre, mujer, y niño. La educación del individuo, además de promover sus propias capacidades naturales, procuraría desarrollar en él un sentido de la responsabilidad para sus compañeros-hombres en lugar de la glorificación del poder y del éxito que se da en nuestra sociedad actual.

Sin embargo, es necesario recordar que una economía planificada no es todavía socialismo. **Una economía planificada puede estar acompañada de la completa esclavitud del individuo**. La realización del socialismo requiere solucionar algunos problemas sociopolíticos extremadamente difíciles: **¿cómo es posible, con una centralización de gran envergadura del poder político y económico, evitar que la burocracia llegue a ser todopoderosa y arrogante? ¿Cómo pueden estar protegidos los derechos del individuo y cómo asegurar un contrapeso democrático al poder de la burocracia?"**

¿Será que como sociedad no hemos entendido nada?, o más bien no nos han querido explicar bien cuál es la raíz y origen real de nuestra falta de desarrollo económico y social.

En Venezuela nos han vendido que la lucha es por la democracia y aunque es totalmente cierto que en los últimos 20 años de revolución hemos perdido muchas libertades políticas y es algo que debemos recuperar, hay una batalla que está pendiente y como han podido darse cuenta es eje fundamental para el cambio: la batalla por las libertades económicas.

Vemos entonces voceros de la oposición clamando por la justicia social, declarándose socialistas y defendiendo el sistema con frases trilladas: esto no es socialismo, este se dice ser socialista y anda con tremenda camioneta, aquí no hay socialismos el verdadero socialismo es el que existe en Noruega, Suecia, España o Canadá.

Por supuesto que necesitan lavarle la cara al sistema, ya que si usan una simple regla de tres su conclusión sería: si decimos que esto es socialismo y la gente entiende que no sirve, luego declaro ser socialista, entonces por ende yo no sirvo.

Aunque no creo necesario demostrar el hecho de que los partidos más importantes de la actual oposición venezolana son de izquierda,   solo les refiero que tres de ellos (Acción Democrática, Un Nuevo Tiempo y Voluntad Popular) son miembros activos de la Internacional Socialista; a confesión de parte, relevo de pruebas.

Incluso el líder y presidente interino Juan Guaidó en una entrevista dada un portal italiano llamado Le Iene en fecha 24 de Marzo del 2019, dijo al preguntársele si era de izquierda o de derecha: "Yo soy de centro izquierda". (1)

Hace más de 60 años el economista y promotor del liberalismo, Ludwig Von Mises en su libro **"Sobre Liberalismo y Capitalismo"** (La mentalidad anticapitalista), escribió:

"Existe hoy un falso frente anticomunista.

Establecen una distinción ilusoria entre comunismo y socialismo.

La verdad es que... no luchan contra el comunismo como tal, sino contra una organización comunista cuya minoría gobernante no les acepta. Aspiran un orden socialista... en el cual, o bien ellos, o bien sus más íntimos amigos, manejaran las palancas del poder"

¿Podrá la centroizquierda socialista democrática, desplazar a la Izquierda Radical autoritaria?. Supongamos que sí, que al final se logra la transición; la pregunta entonces sería: ¿Podrá ésta nueva centroizquierda socialista democrática, tener resultados distintos a los obtenidos por la centroizquierda socialista democrática de la IV República?

También fue Einstein quien dijo: "**Locura** es hacer lo mismo una y otra vez esperando obtener resultados diferentes"

Es momento de volver a nuestro mapa y tratar de ubicar a algunos de estos nuevos actores políticos.

---

1.   Fuente: https://www.iene.mediaset.it/video/guaido-juan-presidente-venezuela-cinque-stelle-intervista-esclusiva_356179.shtml

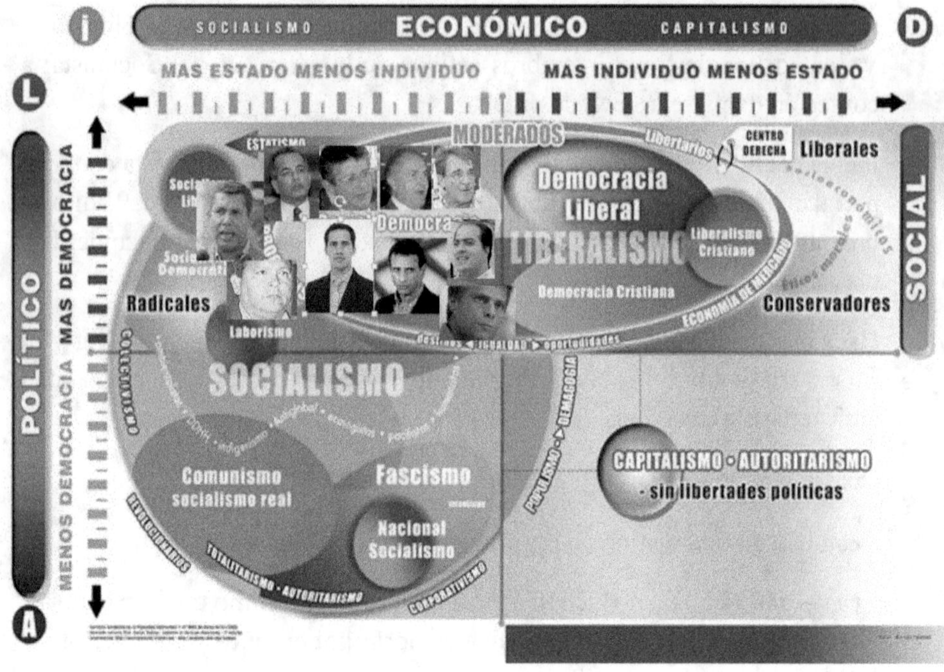

De izquierda a Derecha y de la línea superior a la línea inferior:

1.- Henry Falcón: presidente de Avanzada Progresista partido de centro izquierda creado por disidentes de otros partidos (PODEMOS, PPT, PSUV, entre otros)

2.- Manuel Rosales: Líder de Un Nuevo Tiempo (UNT), partido social demócrata de centro izquierda

3.- Henry Ramos Allup: Presidente de Acción Democrática (AD), partido socialista democrático, de centro izquierda.

4.- Antonio Ledezma: Líder de Alianza Bravo Pueblo (ABP), partido Socialdemócrata de centro izquierda

5.- Teodoro Petkoff: Fallecido en el año 2018, fue ex guerrillero miembro del Partido Comunista de Venezuela (PCV) y miembro fundador de Movimiento al Socialismo (MAS)

6.- Juan Guaidó: Diputado y miembro del Partido Voluntad Popular (VP), agrupación de centro izquierda democrática.

7.- Henrique Capriles Radonsky: Líder del partido Primero Justicia (PJ) de centro izquierda humanista

8.- Julio Borges: Líder del partido Primero Justicia de centro izquierda humanista

9.- Leopoldo López: Presidente y fundador de Voluntad Popular (VP), partido de centro izquierda democrática; antiguo militante de Primero Justicia (PJ) y Un Nuevo Tiempo (UNT)

¿DÓNDE ESTAMOS NOSOTROS? – ¿QUÉ A QUIÉN APOYAMOS?

Llegó el momento de examinarnos, de entender que o a quién hemos apoyado durante los últimos 60 años. Por quiénes hemos votado, marchado, caminado; a quienes hemos acompañado, creído e incluso expuesto nuestras propias vidas para llevarlos al poder.

El Pacto de Punto Fijo (1.958 – 1.993)

Los primeros 35 años luego del derrocamiento de Pérez, nos sumimos en el llamado bipartidismo de AD y COPEI. Ambos partidos de centro izquierda democrática que nos brindaron cierta estabilidad política, pero que practicaron el socialismo moderado en lo económico.

Había respeto a la propiedad privada, pero el Estado ejercía pleno control de la economía y era dueño de los sectores estratégicos de la nación. A excepción del segundo mandato de Carlos Andrés Pérez que entendió que había que iniciar una serie de reformas económicas, para lograr "El gran viraje" y acabar con el estatismo; todos los gobiernos fueron extremadamente paternalistas, con las consecuencias ya mencionadas.

Cabe acotar que Pérez echó para atrás su plan económico, luego del intento de Golpe de Estado del año 92 liderizado por Hugo Chávez.

En entrevistas posteriores luego de su enjuiciamiento y arresto domiciliario, manifestó en varias ocasiones que su gran error fue no haber continuado con la serie de reformas y que si de algo se arrepentía era no haber seguido adelante a pesar de las circunstancias.

El Chiripero (1.993 – 1.998)

Después de su salida de COPEI a raíz de la falta de apoyo de ese partido a su candidatura del año 88, Rafael Caldera fundó el partido convergencia.

Su discurso de pacificación nacional, el sobreseimiento de la causa a los militares golpistas y el apoyo de una gran cantidad de pequeños partidos todos de corte socialista y muchos revolucionarios, lo ayudó a ganar la presidencia gracias a los que se llamó el chiripero.

En esa coalición estuvieron presentes el Movimiento al Socialismo (MAS), el Partido Comunista de Venezuela (PCV), el Movimiento Electoral del Pueblo (MEP – partido nacido de una división del ala más radical de AD), entre tantos otros.

La Coordinadora Democrática (2.000 – 2.004)

Alianza de todos los partidos que se decían opositores al mandato de Hugo Chávez. Estaba conformada por casi todas las agrupaciones políticas de izquierda que quedaron fuera del poder **AD, COPEI, MAS, URD-CONVERGENCIA, CAUSA R, SOLIDARIDAD, PRIMERO JUSTICIA.**

Mesa de la Unidad Democrática (MUD) – FRENTE AMPLIO (2.004 – 2.020 y contando)

Después de reiterados fracasos en su objetivo de desplazar a Chávez del poder, La coordinadora cambia de nombre inicialmente a La Mesa de la Unidad Democrática (MUD) y luego como un intento de sumar e invitar a participar no sólo a partidos políticos, sino a la sociedad en general, se hacen llamar Frente Amplio.

Esta nueva coalición la conforman los mismos partidos que hacían parte de la coordinadora, más algunos nuevos que se conformaron, sumaron o dividieron: Bandera Roja (agrupación comunista), Alianza Bravo Pueblo (ABP – División de AD), Por la Democracia Social (PODEMOS – División del MAS), entre otros.

MBR – MVR - PSUV (1.999 – 2.020 y contando)

Ha sido el partido de Gobierno durante los últimos 21 años, llevando adelante un Socialismo que denominan Bolivariano del Siglo XXI.

Sus resultados en lo político se evidencian con la pérdidas de libertades, la concentración del poder en la figura del presidente, el control y censura de los medios de comunicación, la falta de libertad de expresión, la eliminación del derecho a la manifestación, los procesos electorales poco transparentes, los presos políticos, etc.

Políticamente hablando o mejor dicho en su dimensión política se puede catalogar como un autoritarismo light, y le colocamos este adjetivo porque hasta los momentos aún se mantienen algunas libertades.

Por otra parte el exacerbado estatismo, dirigismo y control de la economía, además de las expropiaciones y estatizaciones de una amplia variedad de sectores, lo ubica en una izquierda más radical en lo económico.

Dicho lo anterior, si entendemos lo que hemos venido apoyando a nivel de figuras, organizaciones o coaliciones políticas, lo primero que debemos hacer, es eliminar el lado derecho del mapa ideológico.

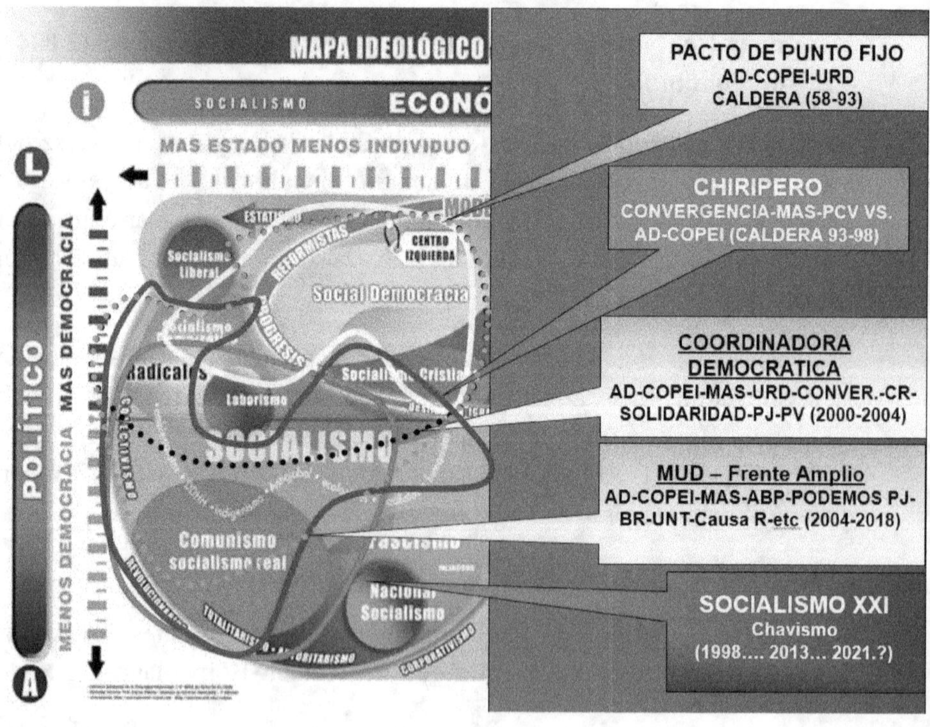

En Venezuela la Derecha nunca ha gobernado, ni siquiera ha tenido una verdadera representación política.

Eliminando esa otra cara de la moneda, podremos ver claramente cómo nuestra conciencia política se ha mantenido alejada de una visión distinta de país, cómo los diferentes líderes han hecho un excelente trabajo al encasillarnos dentro de una sola forma de ver la política, recurriendo incluso al chantaje al tildar de traidores a quienes nos atrevemos a disentir, por el simple hecho de que despertamos y entendemos que queremos una Venezuela distinta.

Nuestro panorama político está plagado de organizaciones de izquierda.

Son socialistas queriendo acceder al poder sacando a otros socialistas. Muchos en este punto afirmarán que una cosa es ser socialista y otra muy distinta ser comunista, recordarán que durante los años 60 y 70 los gobiernos democráticos se enfrentaron y derrotaron al movimiento guerrillero liderado por los comunistas con Cuba a la cabeza.

Y es verdad hasta cierto punto. Hay que recordar que la gran diferencia entre el comunismo y el socialismo democrático es que el primero tiene una alta carga revolucionaria y entiende que la única manera de acceder al poder es a través de las armas, para una vez allí hacer las reformas económicas necesarias para eliminar la propiedad y hacerse con todos los puestos de mando de la economía, de esta manera eliminar el capital privado e instaurar una economía dirigida en su totalidad por el Estado, para redistribuir equitativamente la riqueza.

Los Reformistas o progresistas, es decir el ala de la centro izquierda propone que se puede utilizar mecanismos democráticos para acceder al poder e igualmente llevar adelante las reformas económicas con control y dirigismo estatal, utilizando incluso algunos elementos del libre mercado como por ejemplo el permitir al sector privado participar en la producción, para de la misma manera redistribuir la riqueza y lograr la igualdad.

La diferencia es de forma, no de fondo. Esta es una de las razones por las cuáles el tema de las libertades económicas es una materia olvidada.

Durante los últimos 60 años se han enfrascado en una lucha entre la democracia y el autoritarismo, nunca entre el socialismo y el capitalismo. Y es lógico porque ninguno de los partidos políticos creen ni están dispuestos a trabajar por la instauración del capitalismo como sistema económico.

Ayn Rand, novelista y filósofa estadounidense nacida en Rusia y escritora de una de los libros más importantes y de mayor influencia mundial cuando de liberalismo se trata; "La rebelión de Atlas", lo dice en palabra sencillas:

"No hay diferencia entre comunismo y socialismo, excepto en la manera de conseguir el mismo objetivo final: el comunismo propone esclavizar al hombre mediante la fuerza, el socialismo mediante el voto"

SOCIALISMO Y NEO ESCLAVITUD: LA HISTORIA DE CARLOS

Decir que el Socialismo esclaviza al hombre pudiese parecer una afirmación exagerada, sobre todo cuando se habla del socialismo democrático o cristiano que lleva adelante la centroizquierda. Pero hay que terminar de entender que la pérdida de las libertades económicas, termina gradualmente en una pérdida de las libertades políticas.

El 24 de Septiembre del año 2019, en su discurso ante la ONU, el presidente de Brasil Jair Bolsonaro declaró ante ese organismo: "No puede haber libertad política sin libertad económica". Más claro imposible.

¿Cómo el sistema económico puede llegar a esclavizar al hombre?, ¿cómo puede tan siquiera restarle sus libertades políticas?

Voy a contarles la historia de Carlos, para ejemplificar cómo puede el dirigismo estatal de la economía convertirnos en esclavos:

Carlos Ochoa es un ganadero, él y toda su familia han dedicado su vida entera a esta actividad.

Un día, el gobierno sin tomar en cuenta los costos de producción ni la ganancia que Carlos estima que puede tener con su trabajo y que significa a su vez la recompensa por su esfuerzo; decide que el precio al que Carlos vende su ganado es muy costoso, por lo que inmediatamente lo manda a regular.

Carlos tiene entonces dos opciones: atenerse a la regulación impuesta por el gobierno o simplemente dejar a un lado la ganadería porque no ve el fruto de su trabajo.

Supongamos que nuestro amigo se decida por la primera opción y opte por respetar el precio regulado, para ello le pide al gobierno que lo ayude a reducir sus costos para poder tener una ganancia aceptable en retribución a su labor.

Tomando en cuenta esta consideración, el gobierno decide entonces regular el precio del producto que utilizan para alimentar el ganado.

El productor de alimentos ahora se ve en la misma posición de Carlos y por supuesto, para que también pueda tener rendimiento en su negocio y respetar la regulación, pide a su vez que bajen los precios de las semillas, de los fertilizantes, del transporte, etc.

Así la cadena sigue y sigue, porque una vez que el gobierno comienza a regular, ya nada puede detenerlo; y dentro de esta regulación (aunque parezca increíble) hasta los precios de las arepas pueden llegar a ser dictaminados por los que manejan el poder (1).

Por este camino nuestra libertad económica se restringe a los cálculos que desde arriba, puedan hacer los dirigentes quienes en su mayoría no son precisamente expertos económicos.

"Es estúpido dejar las decisiones sobre economía a aquellos que no pagarán precio alguno por equivocarse"

Thomas Sowell

Ahora bien, vamos a tratar de ver qué pasaría si Carlos decide abandonar su actividad...

En este caso si muchos como Carlos deciden lo mismo, posiblemente empecemos a ver un efecto llamado escasez.

Al haber menos productores de carne en consecuencia hay menos carne y con ello supermercados vacíos.

El problema con la escasez es que siempre se consigue emparentada con dos prácticas que posiblemente suenen familiar... El acaparamiento y la especulación....

Cuando la especulación se hace presente el precio por el cual se vende el producto final está por muy por encima del precio regulado e inclusive más alto que el precio inicial que Carlos pedía antes de la regulación; lo que significa el incremento de los precios, lo que da paso a la tan temida inflación.

1.- En Inglaterra de los años 70 luego de un largo período de dirigismo estatal llevado adelante después de la segunda guerra mundial por el partido laborista, el control de precios por parte del Estado llegó al punto de dictaminar cuánto podian cobrar los plomeros por la reparación de un grifo, las tarifas de los taxis y hasta el precio de las peluquerías **Fuente: Documental "La Batalla por la economía" capítulo 1**

Cuando la inflación se hace presente entonces el Gobierno para tratar de controlarla recurre a mayores controles, intimidación a los comerciantes a los que tilda de ladrones o usureros, vienen las sanciones, los cierres de empresas, los señalamientos y satanización de los empresarios, la persecución, la censura, el hambre, los saqueos justificados o no por parte de los ciudadanos que ven al sector privado como los enemigos.

Pero hay otra consecuencia que puede llegar a convertirse en la más peligrosa de todas, y se presenta cuando el estado decide expropiarle a Carlos su hacienda porque no está cumpliendo con la producción exigida.

En este caso la propiedad que solía ser de Carlos y de su familia pasa ahora a ser del estado, convirtiendo de la noche a la mañana a los gobernantes en ganaderos.

Hay varias cosas que se derivan de la expropiación, una de ellas y la menos grave es que la eficiencia gubernamental en el manejo de empresas puede ser cuestionada; si esto es así, uno podría esperar de la hacienda que antes pertenecía a Carlos una menor productividad, posiblemente menor calidad y quizás la necesidad del subsidio gubernamental...

Lo que se traduce en una mayor carga en la deuda interna de la nación y con ello el desvío de recursos, que en vez de ser utilizados para mejorar hospitales, escuelas, vías de comunicación, los sueldos de los funcionarios policiales, la adquisición de patrullas o los servicios públicos; se gastan en el mantenimiento de la hacienda de Carlos que antes de ser expropiada era bastante productiva.

El otro escenario que puede llegar a presentarse a raíz de la expropiación y éste si puede presentar mayor nivel de gravedad; es que una vez en manos del estado y de quienes manejan el gobierno, la hacienda de Carlos empieza a contratar nuevos empleados o en algunos casos a absorber los que ya estaban trabajando...

Estas personas quienes trabajaban en una hacienda productiva y recibían sus sueldos y salarios, adicionalmente a uno u otro incentivo adicional por parte de Carlos... ¡ahora son empleados del Gobierno!

Pasan a la nómina del Estado, lo que significa que los recursos que podían servir para mejorar el aseo, el alumbrado, las universidades, crear planes de desarme, incentivar la construcción de viviendas, llevar seguridad a todos los sectores, etc; ahora son necesarios para pagar los sueldos y salarios de estos trabajadores; quienes se podría decir que su beneficio personal es... ¿ser empleados del gobierno?.

Pero no nos detengamos aquí y pensemos un poquito más allá...

¿Será probable que ahora estos empleados del gobierno deban asumir una postura política determinada para mantener su puesto de trabajo?...

¿Es posible pensar que so pena de ser despedido, estos trabajadores deban asistir a algunos actos de corte netamente político a veces en contra de su voluntad?...

¿Podría darse el caso que este miedo a perder su fuente de trabajo con el que llevan el pan a su casa, en el momento de manifestar sus preferencias en un acto electoral lo incline a favorecer a quien ahora es su patrón?...

¿Son ahora estos trabajadores seres realmente libres en su pensamiento político?; ¿estaremos en las puertas de una neo esclavitud política?...

Imaginemos por un momento que la historia de Carlos se repita no una, ni dos, sino tal vez cien o mil veces en nuestro país... ¿Seremos algún día realmente libres?

Volviendo a la entrevista hecha a Carlos Rangel en 1.983, también nos alertaba y daba ejemplos claros de como el socialismo termina restando o quitando libertades:

"Carlos Rangel: Una de las razones por las cuáles la gente quiere huir de los países comunistas no es solo la pobreza, sino la falta de libertad. Ahora hay una conexión exactamente discernible entre la omnipotencia del Estado y la falta de libertad.

Allí en donde un Estado es dueño de todo, no es sino un empleador, nadie puede cambiar el empleo ni renunciar y finalmente los Gobiernos terminan por cerrar las fronteras para que la gente no huya.

Una de las cosas de la cual no se dan cuenta nuestros dirigentes políticos, es que por la vía en que nos han traído están amenazando no solamente la economía que ya está en ruinas; sino amenazando la libertad política en Venezuela.

Si continuamos dándole al Estado o tolerando la omnipotencia del Estado en Venezuela, llegará el momento en el que nadie se atreverá a disentir de los Gobiernos, en que decir estas cosas que estamos diciendo esta noche Marcel Granier y yo en este programa sería peligroso.

No hemos llegado allí pero tenemos el ejemplo; México ha retrocedido por las misma vía del Capitalismo de Estado más atrás que nosotros, en Méjico el gobierno intimida a la gente, en Méjico cuando hubo la crisis económica reciente muy parecida a la de Venezuela, los empresarios se atrevieron a emitir un comunicado y casi los meten presos. Aquí no hemos llegado a eso.

Pero si el Estado continúa concentrando el poder, en vez de ponerse la clase política como meta prioritaria desconcentrar el poder del Estado, llegaremos a no poder hacer programas de televisión como este"

Es claro como de una manera u otra el socialismo termina esclavizando al hombre o en el mejor de los casos, convirtiéndolo en un ser sumiso ante la omnipotencia estatal.

En mi caso particular ante este panorama creo que la libertad del ser siempre debe estar por encima de cualquier ideal perseguido por convicción o seguido por imposición. De ser así, es lógico que simpatice con el sistema político y económico que me garantice la mayor de las libertades.

Me refiero a la Democracia Liberal.

Capítulo III
La Democracia Liberal en Venezuela

"En Venezuela ni en años recientes, ni en realidad ¡NUNCA!, hemos tenido una economía Libre"

Discurso de Carlos Rangel ante la Asociación Venezolana de Ejecutivos año 1.984

PRINCIPIOS DE LA DEMOCRACIA LIBERAL

Es muy posible que algunos quienes leen este libro (ojalá y no la mayoría), estén escuchando por primera vez que existe una visión política llamada Democracia Liberal.

No es de extrañar que muchos sólo han escuchado de liberalismo bajo el concepto y la propaganda engañosa utilizada por la izquierda mundial que tildan de "neo liberalismo", cualquier propuesta que quiera desafectar la economía y promover el libre mercado.

"Neo liberalismo salvaje", es la expresión comúnmente utilizada por quienes pretenden seguir satanizando la libertad económica para mantener el control Estatal sobre los factores de producción.

Pero la verdad es que así como el socialismo, el liberalismo es una corriente ideológica que propone tanto una visión política como un manejo económico bajo unos principios bien establecidos; y más importante aún, practicados en muchas naciones del mundo con bastante éxito.

Vamos a hablar por un momento de las propuestas o principios de la Democracia Liberal en el plano económico, sin tocar la dimensión política.

Normalmente la libertad económica de un país es proporcional a sus niveles de desarrollo. Para medir los niveles de libertad, se toman en cuenta 4 ejes en los que se basan todos los marcadores (1)

- **Seguridad Jurídica.** Incluye los indicadores: derechos de la propiedad, integridad del gobierno y eficacia judicial.

- **Tamaño del gobierno.** Incluye los indicadores: gastos gubernamentales, carga fiscal y salud fiscal

- **Eficiencia regulatoria.** Incluye los indicadores: libertad de negocios, libertad laboral y libertad monetaria

---

1.- Fuente: https://www.economiasimple.net/glosario/indice-de-libertad-economica

- **Apertura del mercado.** Incluye los indicadores: libertad comercial, libertad financiera y libertad de inversión

Para el momento de escribir este libro, la Heritage Foundation (Fundación estadounidense con sede en Washington que promueve políticas públicas de derecha conservadora), publicó su ranking de países con mayores y menores libertades económicas donde cero es ausencia total de libertad económica y 100 plena libertad económica.

Aquí los resultados de los 5 primeros y los 5 últimos lugares, con sus respectivos puntajes (1):

1.- Hong Kong: 90.2

2.- Singapur: 89.4

3.- Nueva Zelanda: 84.4

4.- Suiza: 81.9

5.- Australia: 80.5

....

176.- República del Congo: 39.7

177.- Eritrea: 38.9

178.- Cuba: 27.8

179.- Venezuela: 25.9

180.- Corea del Norte: 5.9

1.- Fuente: https://www.heritage.org/index/ranking

Recuerden hablamos única y exclusivamente del aspecto del manejo económico. Si volteamos a ver el índice de desarrollo o sub desarrollo humano de cada uno de los países de la lista, podremos ver grandes diferencias entre unos y otros. Creo que está a la vista y no haría falta aclarar tanto estas diferencias.

Quiero dejar claro, que no se está apoyando uno u otro sistema político de Gobierno que rigen estos países ya que difieren unos de otros, simplemente demuestro la correlación entre libertad económica y niveles de desarrollo.

En Hong Kong por ejemplo que es lo que se llama una región administrativa especial (también conocido como territorio liberado) perteneciente a China, funciona bajo un Gobierno comunista altamente autoritario con pocas libertades políticas; mientras Nueva Zelanda funciona una democracia parlamentaria con amplias libertades civiles.

Aquí se presenta una vez más la diferencia entre el manejo económico y político de una nación.

En este punto en particular la democracia liberal promueve la libertad económica y es uno de sus principios fundamentales. El correcto funcionamiento del libre mercado es punta de lanza dentro de las propuestas del liberalismo.

Por otra parte como su nombre lo dice esta ideología cree en la democracia como el sistema político que garantiza las mayores libertades políticas y civiles.

Aunque puede tener leves variaciones entre una concepción y otra del liberalismo, se puede decir que hay principios que todos comparten.

Estos principios se pueden leer en el llamado manifiesto de Oxford que se firmó en 1947 por parte de representantes de partidos liberales de 19 países, en el Wadham College:

Nosotros, liberales de 19 países, reunidos en Oxford, en una época de desorden, pobreza, hambre y temor provocados por dos guerras mundiales; persuadidos de que esta situación del mundo es, en gran parte, debida al abandono de los principios liberales; expresamos nuestras convicciones en esta Declaración:

1. El hombre es, ante todo y sobre todo, un ser dotado de la facultad de pensar y actuar bajo su propia autonomía, y de la capacidad de distinguir entre el bien y el mal.

2. El auténtico fundamento de la sociedad es el respeto a la persona humana y a la familia.

3. El Estado es solamente el instrumento de la comunidad. No debe arrogarse ningún poder que entre en conflicto con los derechos fundamentales de los ciudadanos y con los requisitos esenciales de una vida creadora y responsable. Estos requisitos son:

- Libertad de la persona, garantizada por una administración de la ley y de la justicia independiente;

- Libertad de conciencia y de creencias;

- Libertad de palabra y de Prensa;

- Libertad de asociación y de no asociación;

- Libre elección de profesión;

- Oportunidad para una educación plena y pluriforme, según las capacidades individuales, con independencia del origen o de las riquezas;

- Derecho a la propiedad privada y a la iniciativa individual;

- Libertad de elección de los consumidores y oportunidad para la explotación total de las riquezas del suelo y de la industria humana;

- Seguridad frente a los riesgos de enfermedad, desempleo, incapacidad profesional y edad;

- Igualdad de derechos del hombre y de la mujer.

4. Estos derechos y estos requisitos sólo están garantizados en una auténtica democracia. La democracia auténtica es inseparable de la libertad política y se fundamenta en el consenso consciente, libre e ilustrado de la mayoría, expresado a través del sufragio libre y secreto, respetando al mismo tiempo las libertades y las opiniones de las minorías.

II

1. La supresión de la libertad económica lleva inexorablemente a la desaparición de la libertad política. Nos oponemos a esta supresión, ya sea debida a la propiedad o el control del Estado o a monopolios, cártels y trusts privados. Sólo aceptamos la propiedad del Estado respecto de aquellas empresas que caen fuera del ámbito de los objetivos de la iniciativa privada o en las que ya no existe el juego de la competencia.

2. El bien común debe prevalecer y quedar garantizado frente a los abusos de poder de los grupos de interés.

3. Es esencial una mejora constante de las condiciones laborales, de la vivienda y del medio ambiente de los trabajadores. Los derechos, deberes e intereses del capital y del trabajo se complementan mutuamente. Las instituciones de asesoramiento y colaboración de empleados y empleadores revisten una importancia vital para el florecimiento de la industria.

III

El servicio es complemento indispensable de la libertad. Todo derecho incluye un deber. Para que las instituciones libres sean eficaces, todos los ciudadanos deben tener clara conciencia de su responsabilidad moral frente a los demás y deben participar activamente en las tareas de la colectividad.

IV

Sólo podrán abolirse las guerras y restablecerse la paz mundial y la prosperidad económica si todos los países cumplen las siguientes condiciones:

a. Sincera adhesión a una organización mundial que agrupe a todas las naciones, sean grandes o pequeñas, bajo una misma ley y unos derechos. Esta organización debe estar dotada de poder suficiente para imponer el cumplimiento estricto de todas las obligaciones internacionales libremente asumidas.

b. Respeto al derecho de todos los pueblos de disfrutar de las libertades humanas fundamentales.

c. Respeto a la lengua, las creencias, las leyes y costumbres de las minorías nacionales.

d. Libre circulación de ideas, noticias, bienes y servicios entre los pueblos, así como libertad de desplazamiento dentro de y entre todos los países, sin limitaciones de la censura, barreras comerciales proteccionistas ni restricciones en el cambio de divisas.

e. Desarrollo de las regiones retrasadas, en colaboración con sus habitantes, en interés tanto de estas regiones como del mundo en su conjunto.

Invitamos a todos los hombres y mujeres que hacen suyos estos ideales y estos principios a colaborar con nosotros en el empeño de que sean aceptados en todo el mundo.

Unido a estos principios, existe además la concepción de las funciones inherentes al Estado. Los liberales creemos que el Estado debe cumplir o mejor dicho volver a sus funciones básicas, apartándose de todo aquello que no le compete.

Hay quienes desconocen cuáles son las funciones reales del Estado y a las cuáles deben abocarse los Gobiernos. Para saberlo hagamos un ejercicio mental.

Imagínese por un momento que usted llega a una ciudad, de la cual no conoce quién es el alcalde o el gobernador, no tiene idea de que sistema político existe y mucho menos está al tanto de cómo es el manejo económico; pero luego de andar par de días recorriendo y haciendo vida en esa localidad, usted concluye que allí existe un "buen Gobierno". ¿Por qué lo diría?, ¿qué lo llevaría a sacar esa conclusión sin preguntar si quiera quien es el gobernante de turno?

Estoy muy seguro de que sus respuestas serían: porque no hay delincuencia o se siente seguro caminando por los alrededores, porque la ciudad es bonita, porque no hay huecos en las calles y avenidas, porque los servicios públicos funcionan, porque hay ornamentación y cuidado de la infraestructura, porque hay presencia de los organismos de seguridad, porque se respetan las leyes, etc

Pues básicamente esas son las funciones reales del Estado, esas y sólo esas deberían ser las áreas de acción de los Gobiernos:

1.- Brindar Seguridad interna a través de organismos e instituciones y externa, apoyándose en un ejército profesional y organizado.

2.- Construcción y mantenimiento de la infraestructura (calles, avenidas, ornato)

3.- Aplicación de justicia a través de la observancia de la ley, bajo un real Estado de derecho

4.- Mantenimiento del orden público.

Hay áreas como la salud y la educación en las que los Gobiernos pueden aplicar políticas sociales para garantizar el acceso de la población, pero esto no significa que necesariamente los colegios, liceos, universidades, clínicas u hospitales deban estar en manos del Estado.

Hay que dejar muy claro que las "políticas sociales" nada tienen que ver con "socialismo", esta es otra gran confusión que aún persiste en la mente de la gran mayoría.

En todos los países del mundo, desde los más socialistas hasta los más liberales existen políticas sociales. Incluso en los países con mayores libertades económicas, esas políticas tienden a ser mucho mejores que en aquellas donde la economía es dirigida desde el Estado.

Si no me creen los invito a estudiar las políticas sociales implementadas por ejemplo en países como Alemania o Suecia, frente a aquellas que existen en Venezuela o Cuba.

Tener conciencia social no significa ser "socialista", así como trabajar por el bien común, no convierte a nadie en "comunista".

De la misma manera que el socialismo plantea no sólo una "conciencia" social, sino también un manejo basado en una economía dirigida por un gobierno con cada vez mayor poder y control, que en vez de ocuparse de sus funciones básicas se dedica a realizar actividades que deben estar en manos de los ciudadanos (Vender arepas, administrar casinos, hoteles, fabricar pañales, hacer películas, etc); la Democracia Liberal propone no sólo un sistema económico con menor intervención del estado, sino unas políticas sociales coherentes cuyo objetivo es el de lograr la inclusión de todos en la dinámica productiva de la nación.

Hablemos brevemente de cada una de estas funciones planteadas y las que los liberales proponemos son a las que se debe abocar el Gobierno.

1ra Función: Seguridad

La principal función del Estado y casi que la razón de su existencia es la de brindar seguridad a sus ciudadanos.

Al tener lo que se llama el monopolio de la fuerza, es el Estado quien debe garantizar la vida y el derecho de propiedad de quienes habitan en una nación. ¿De qué vale un Gobierno que regale comida si en la esquina de tu casa puedes ser víctima de un ladrón que te la quita?; ¿Sirve un Gobierno que regale casas, cuando no garantiza que alguien pueda irrumpir en ella ya sea para hurtar o incluso para invadirla?; ¿Qué hago con un bono o ser parte de una misión asistencialista, si cualquiera puede quitarme la vida en cualquier momento con total impunidad?

Se presentan las primeras interrogantes, ¿Han estado los Gobiernos venezolanos realmente preocupados en brindarnos seguridad?, ¿Son nuestras policías organismos realmente profesionales y debidamente equipados para combatir la delincuencia?, ¿Los oficiales de policía, miembros del ejército y demás personas que tienen como objetivo salvaguardar nuestra vida y nuestras propiedades, cuentan con un salario y unos beneficios dignos de su profesión y responsabilidad?; ¿Sus ingresos son suficiente como para no aceptar chantajes ni extorsiones?, ¿Nuestras fuerzas armadas están dotadas de lo necesario para defender la nación?

De ninguna manera. En Venezuela esta área de responsabilidad estatal está totalmente desatendida siendo prioritaria y extremadamente necesaria en el desarrollo de cualquier nación.

2da Función: Infraestructura

Se refiere a la construcción y mantenimiento de obras.

Aunque el sector privado pudiese encargarse de este tipo de trabajos, la verdad es que no existe un incentivo real para que una empresa constructora haga una calle, es decir no obtendrían ganancia alguna de su inversión ya que la misma es de utilidad pública. Es por ello que el Estado es el encargado de contratar y pagar los servicios de un tercero para llevar adelante esta labor.

Un Gobierno que cree en la competencia y la productividad del sector privado y viva de los impuestos generados por su actividad comercial, debería estar preocupado para que el comercio fluya. Debería estar atento de que haya vías de comunicación que permitan el rápido y fácil traslado de mercancías para dinamizar y aumentar la productividad. Esto generaría más impuestos y con ello más ingresos para reinvertirlos en más infraestructura, seguridad, etc

Desde autopistas, calles, carreteras, ornato, señalización, parques de uso público, puentes, sistemas de drenajes, alumbrado, señalización, demarcación de vías; todo aquello que configure la infraestructura de uso común para los habitantes debe ser parte de las funciones principales del Estado y de los Gobiernos.

¿Es que acaso contamos en Venezuela con gobernantes preocupados por mejorar estas áreas?, la verdad es que han pasado muchos años desde que estos temas han sido relegados por quienes hacen política en nuestro país.

Sus planes de Gobierno están alejados de estos temas y están más enfocados en prometer una mejor calidad de vida en base a la justicia social. Se enfrascan en ofrecer más bienestar a través de derechos de todo tipo (vivienda, salud, educación, alimentación, etc); en vez de abocarse a crear un entorno digno para que los ciudadanos puedan producir de manera más eficiente.

Todos hablan de igualdad social, pero al parecer se refieren a la igualdad de destinos; no a una igualdad de oportunidades.

Un Gobierno de corte liberal cree en el desarrollo productivo de los ciudadanos y está dispuesto a crear un entorno que permita que cada persona desarrolle su máximo potencial, son los Gobiernos socialistas que al parecer no les importa mantener zonas en las que las personas no cuenten con un mínimo de dignidad en cuanto a infraestructura se refiere.

La Organización Libertad y Democracia, uno de los movimientos liberales que hacen vida en Venezuela plantea esta situación en su escrito "Visión de País" que forma parte de su declaración de principios:

"La incapacidad de un ser humano a veces es un buen negocio para quienes dirigen el gobierno, una sociedad de seres pensantes buscando su desarrollo es una realidad difícil de manejar para cualquier dirigente. Mientras menos piensen mucho mejor, mientras se crean más débiles mucho mejor y mientras puedas agruparlos en grupos sumisos al mandato de alguien que a medias les explica cuál es su plan, pero los adula, mejor.

Creemos por esto que el gobierno mantiene muchas veces de manera intencional la pobreza como la manera más fácil de mantener una excusa que le permita seguir alimentando la teoría de la supuesta incapacidad y los supuestos mega obstáculos por sortear. Todo para que los individuos se sigan creyendo débiles y dependientes de un estado que les provee de su porción de comida.

Si no es verdad que esta situación de pobreza conviene, ¿Por qué las zonas populares no gozan de todos los beneficios de las llamadas zonas pudientes? ¿Por qué falta la luz, el agua, el gas? ¿Por qué no son zonas seguras? ¿Por qué no hay ornato, vías limpias, asfaltado digno? ¿Será que el entorno determina al ser humano? ¿Será que a los gobernantes no les interesa cambiar el entorno porque eso cambiaría la forma de pensar de los que allí habitan? Particularmente, no vemos sentido alguno de que en las urbanizaciones existan todos los servicios y en los barrios no; ¿Será que las personas de las urbanizaciones valen más que las personas que viven en los barrios? ¿Qué sentido tiene?

A veces a los gobernantes no les interesa el orden, prefieren el caos, necesitan del caos para mantener un pueblo obediente. Si no le muestras a un hombre el mar cómo puede anhelar un baño de playa.

Si el Gobierno acaba con las denominadas zonas populares y crea simplemente zonas, donde existan los servicios, la seguridad, el ornato, la recreación, la educación y todos aquellos elementos indispensables para llevar una vida digna, posiblemente las personas comiencen a querer más, a exigir más, a despreocuparse un poco por los problemas cotidianos y empezar a interesarse por su persona, por su desarrollo, por llegar a alcanzar su potencial"

La idea es que todos podamos tener oportunidades en la salida, no igualdad en la llegada.

3ra Función: Aplicación de la Ley

La aplicación de un verdadero sistema de justicia bajo un concepto de Estado de Derecho y respeto a los ciudadanos, es fundamental dentro de un Gobierno de corte Liberal. Nadie puede estar por encima de la Ley.

El liberalismo entiende que la única igualdad posible es ante la ley. La administración de una justicia imparcial y la aplicación real y efectiva de las leyes a todos los ciudadanos "por igual"; es indispensable para la convivencia en armonía.

No importa si en el momento de aplicar la ley se presenta un ama de casa que busca justicia frente a cualquier acto que pueda haber cometido en su contra, el presidente de una corporación, o algún miembro de alta jerarquía dentro del Gobierno o cualquier organismo de seguridad. Cada ciudadano debe sentir seguridad de que vive bajo un sistema judicial que sin importar su estatus o condición lo respalda de acuerdo a las leyes; y a la vez estar temeroso al saber que no hay dinero o influencias suficientes que lo puedan exonerar de cualquier tipo de sanción al momento de cometer una falta.

Es deber de cada Gobierno garantizar este principio de legalidad.

En su libro "Del Buen Salvaje al Buen Revolucionario", Carlos Rangel hablando del diario escrito por Francisco de Miranda es su periplo de casi dos años en el territorio norteamericano; recuerda una anécdota de la que se enteró el propio Miranda, y que plantea una gran diferencia sobre las bases de legalidad sobre las que se fundó Estados Unidos en comparación con muchos otros países del mundo:

"En el camino de regreso a Nueva York se entera de una anécdota "digna de la inmortalidad", ocurrida durante la guerra cerca de King's Ferry, sobre el Hudson:

"Un paisano amo del terreno en que estaba plantado el campamento francés (de Rochambeau), hizo aplicación para que le pagasen (el uso del) piso; (pero) los oficiales (franceses) no hicieron caso" de esta pretensión insólita del villano norteamericano. "Lo cual visto por el Patán republicano, se quitó de ruidos, y fue en busca del Sheriff para que arrestase al deudor; y vea vuestra merced venir a estos dos pobres labradores sin una simple arma en la mano, pero sí con el Paladio y autoridad de las Leyes, resueltos con firmeza heroica a arrestar al General francés, M. de Rochambeau, al frente de todo su ejército... (Y) el General fue efectivamente retenido por el Sheriff y pagó al punto lo que se debía al pobre labrador (unos 10 ó 15 pesos era toda la suma) con lo cual terminó el procedimiento".

Y comenta Miranda: "Cómo es posible que bajo semejantes auspicios no florezcan los países más áridos y desiertos, y que los hombres más pusilánimes e ínfimos sean dentro de poco tiempo honestos, justos, industriosos, sabios y valientes?"

Y podría haber agregado: dentro de poco tiempo poderosos."

Esa simple anécdota debería ser punto importante de reflexión para todos quienes aspiramos un orden distinto en nuestro país.

4ta Función: Mantenimiento del orden

Precisamente el mantenimiento del orden interno de una nación está dentro de las funciones que los liberales aspiramos cumpla el Estado. Es obvio que esta responsabilidad está fuertemente concatenada con las anteriores funciones de seguridad y aplicación de la ley.

Es imposible para un Gobierno mantener el orden si no tiene pleno control sobre la seguridad y los organismos que la garantizan y mucho menos, si no existe un Estado de Derecho que le dé coherencia a sus acciones. Se puede decir que la suma de estas dos funciones anteriores tiene como resultado natural el establecimiento de un ordenamiento social en paz, principio fundamental para el desarrollo.

Siempre me ha gustado hacer referencia a la bandera de Brasil en donde se lee una frase que resume lo anterior de manera muy simple: "Ordem e Progresso" (Orden y Progreso); inspirado en el lema de Auguste Comte: *«L'amour pour principe et l'ordre pour base; le progrès pour but»* (El amor por principio, el orden por base, el progreso por fin). Sobran las palabras.

Ahora bien ¿Por qué es tan importante limitar el poder del Estado y devolverlo a sus funciones Básicas? Una respuesta sencilla pero contundente sería: para evitar abusos de poder por parte de los Gobernantes de turno en contra de los ciudadanos y del propio Estado.

Concederle al Gobierno poderes ilimitados o mejor dicho, seguir creyendo que los gobernantes deben meterse en todo desde la educación de mis hijos hasta el precio que debo vender mis mercancías, es un camino seguro a la tiranía.

Un Gobierno debe ser pequeño pero fuerte, no grande, omnipotente, todopoderoso e ineficiente. En el momento que obliguemos a los gobernantes a cumplir sus funciones, se acabaran muchos de los incentivos actuales a la corrupción (ya no sería negocio ser político), tendríamos en cargos de gobierno realmente a servidores públicos y no a comerciantes de poder, empezarían a funcionar el aparato de seguridad del Estado, la infraestructura de la nación se vería reflejada en obras dignas, la ley se convertiría en instrumento de orden y paz social, no como herramienta de persecución; y por supuesto dejaríamos de lado el populismo que busca crear sociedades dependientes del Estado, convirtiéndonos en ciudadanos libres dispuestos a desarrollar toda nuestra capacidad creativa para el bien propio y de la comunidad.

Hay que entender que un Gobierno grande y sin límites claros, es simplemente un incentivo muy apetecible para cualquier persona o grupo se haga del poder con el único fin de someter a otros.

Barry Goldwater senador por el Estado de Arizona en Estados Unidos lo resumió muy bien en una frase:

"Un Gobierno suficientemente grande para darte todo lo que quieres, es también suficientemente grande para quitarte todo lo que tienes"

Por su parte Alberto Mansueti, ideólogo liberal en su libro El Embrollo; pone un ejemplo que ilustra lo que sucede cuando el Estado no cumple sus funciones y se dedica a aquellas que no son de su competencia:

"Imagina una torre de apartamentos donde los conserjes se toman cada vez más atribuciones. Una junta complaciente les autoriza a desempeñar funciones impropias de su oficio.

Se meten en las casas, so pretexto de cocinar, cortar el pelo, ordenar y limpiar, planchar, hacer compra, ayudar a los niños en sus tareas y orientar a los adolescentes... lo que no hacen, pero para lo cual nombran empleados y contratados, cobran sueldazos, emiten instructivos y dan órdenes, controlan y fiscalizan actividades.

Las facturas del condominio salen carísimas; a los residentes no les quedan casi recursos después de pagarlas, y no pueden adquirir en la calle (mercado) eso mismo que la consejería les promete en vano. CONSECUENCIA: gran desorden, discutidera y pelea permanente en los edificios.

¿DIRÍAS entonces que...?

a) Los conserjes y los residentes ricos deben ayudar a los residentes pobres.

b) Hay que cambiar esos conserjes por otros más expertos en los diversos menesteres y honestos.

c) Esas no son funciones de los conserjes, ¿o sí?"

Yo le agregaría, ¿tendría entonces tiempo el conserje de cumplir realmente con sus funciones que son las de cuidar el edificio, mantener las áreas comunes, reparar aquellas cosas que pertenecen al condominio y por lo cuál es que inicialmente se contrató? O muy por el contrario al ocuparse de tantas cosas que no corresponden a su área de responsabilidad, termina por deteriorarse el edificio, se descuida la seguridad, no se cumplen las normas, etc

LA DERECHA POLÍTICA EN VENEZUELA

Lo diré a manera de chiste pero realmente es una tragedia, que esta parte del texto sea la que menor tiempo me lleve escribir por la ausencia casi total de la derecha auténticamente política en Venezuela. Sin embargo voy a iniciar con un repaso de lo que la derecha representa en nuestro país.

Cuando se nombra la palabra "Derecha" en Venezuela, casi inmediatamente se le vienen a la gran mayoría tres imágenes; Marcos Pérez Jiménez, el sector empresarial y la actual oposición (con su larga cola que llega hasta la cuarta república).

Habría que comenzar desmontando estos 3 mitos que rondan de manera permanente en la conciencia colectiva del venezolano, para luego hablar de la verdadera derecha política que existe en la actualidad.

1er Mito: Marcos Pérez Jiménez era un dictador de Derecha.

Pues nada más alejado de la realidad. Para nadie es un secreto que después de la segunda guerra mundial entre los años 50 y mediados de los 60 (período de la llamada Guerra Fría), las dos principales potencias en conflicto Estados Unidos y Rusia, llevaron adelante distintas acciones en medio del enfrentamiento político e ideológico que sostenían.

Estas acciones iban desde el campo de la política intervencionista (de lado y lado), hasta el apoyo militar. En América Latina mientras que Rusia apoyaba y financiaba grupos guerrilleros, facciones revolucionarias y gobiernos de corte socialista; Estados Unidos a través de lo que se conoció como el plan Cóndor, intentaba frenar el comunismo en muchos casos apoyando regímenes dictatoriales fuertes que se opusieran frontalmente al avance de estos grupos revolucionarios de izquierda.

Esto trajo como consecuencia que los propagandistas de izquierda tildaran de buenas a primeras a todos los dictadores latinoamericanos apoyados por Estados Unidos, como regímenes de derecha. La ecuación era sencilla: Soy de izquierda y tú te me opones, por lo tanto tú eres de derecha.

La repetición incesante de esta máxima, dio como resultante que todos en Latinoamérica pensaran que cualquier gobierno autoritario o dictatorial en América Latina que no responda a ideas abiertamente socialistas, eran dictaduras de derecha.

Evidentemente Venezuela no fue la excepción.

Es cierto que durante esa época Venezuela experimentó un gran auge en su economía, pero esto se debió mayormente al aumento de los ingresos por un alza en los precios del petróleo a raíz de factores como la aplicación del plan Marshall para la recuperación de Europa, la nacionalización de la industria petrolera en Irán, la guerra de Corea y el cierre del canal de Suez.

Pero lejos de los conceptos ya estudiados en los que los gobiernos de derecha impulsan una mayor participación del sector privado en la economía, durante el período de Pérez Jiménez el Estado se convirtió en el principal promotor del crecimiento económico a través de su plan llamado el Nuevo Ideal Nacional (casi una copia del New Deal de Roosevelt).

Lo que se practicó durante este período fue el llamado Estado Benefactor o Estado de Bienestar que es una teoría keynesiana de intervencionismo estatal, para el control de la economía. Muy a grosso modo esta teoría (que se practicó en casi la tercera parte de los países del mundo incluyendo Estados Unidos y fracasó en todos y cada uno de ellos), propone que el Estado debe estimular el consumo durante las épocas de crisis aumentando el gasto público y reducirlo en los momentos de bonanza para generar un superávit.

En esta práctica económica también llamada tercera vía, está bien visto que el Estado sea dueño de sectores productivos. Durante los tiempos de Pérez Jiménez el Estado venezolano se fortaleció cuando por ejemplo tomó el control absoluto de las industrias básicas dejando por fuera al sector empresarial. De igual manera se mantuvieron instituciones asistencialistas como el Banco Obrero y el Banco Agrícola y Pecuario, creados años antes de la llegada de Pérez al poder, mismo caso de la Corporación Andina de Fomento.

En su libro "el Perejimenizmo: Génesis de las dictaduras desarrollistas", Felícitas López Portillo plantea cómo durante este período se incrementa la acción estatal en la economía.

"La moderna intervención estatal (En Venezuela) tiene lugar en el período post-gomecista, sobre todo durante el trienio encabezado por Acción Democrática. Durante el gobierno militar (de Pérez Jiménez) se hizo hincapié en la construcción de las industrias básicas bajo control estatal."(1)

En este mismo texto, se hace referencia a un editorial del 20 de septiembre de 1.954 escrito para "El Heraldo" por Laureano Vallenilla Lanz Planchart (2), quien era un periodista muy allegado al régimen dictatorial de Perez Jiménez y en el que compara el manejo económico venezolano del momento con el que se llevaba adelante en Rusia.

"De otra parte, y es bueno decirlo de una vez por todas, vivimos en Venezuela en un capitalismo de Estado muy parecido al que impera en la Unión Soviética. Nuestro sentimiento igualitario inspira realizaciones sociales de vastas proyecciones. Cualquier país colectivista envidiaría las Casas Sindicales y las Concentraciones Escolares al alcance de todo ciudadano, así como los servicios sanitarios y asistenciales."

Dicho lo anterior es evidente que la dictadura de Marcos Pérez Jiménez lo único que tenía de derecha, era su oposición a la izquierda revolucionaria. En la práctica mantenía un manejo económico dirigista propio de la centro izquierda, en este caso autoritaria.

1.- El Perejimenizmo: Génesis de las dictaduras desarrollistas. Felícitas López Portillo, Universidad autónoma de México, 1986.

2.- Laureano Vallenilla-Lanz Planchart, "Laureanito", nació en París, Francia, el 6 de agosto de 1912. Hijo del escritor y periodista Laureano Vallenilla Lanz, ideólogo del gomecismo y de María Planchart Lovera

2do Mito: La derecha venezolana está representada por los empresarios.

Uno de los grandes problemas en Venezuela es la satanización del sector empresarial. Es lamentable pero necesario decir que durante años los "empresarios" venezolanos han trabajado para ganarse esta imagen.

La izquierda y sus promotores siempre han visto con desconfianza la libertad económica, creen que de existir un sector privado con plenas libertades esto traería como consecuencia abusos o desequilibrios, por lo que prefieren bien sea controlar o dirigir a estos sectores o bien abolir la propiedad privada y con ella lograr la desaparición del sector. En este sentido la centroizquierda democrática, ha enfocado su lucha en el logro de libertades políticas, libertad de asociación, libertad de expresión, libertad religiosa, etc; pero nunca en la necesaria libertad económica.

La Derecha por su parte y como ya se ha dicho, ha entendido que aparte de ser motor para el desarrollo de cualquier nación la libertad económica es necesaria para preservar la libertad política.

Este enfoque sumado a la siempre propaganda engañosa de la izquierda, ha creado en el imaginario popular que el sector privado y todo lo que se refiere al entorno empresarial son factores de derecha. No falta quien en una reunión cuando alguien habla de su empresa y de obtener ganancias, tilde a su interlocutor de ser un capitalista de extrema derecha (por supuesto de manera despectiva).

Esto es otro mito. En Venezuela como bien hemos visto nunca se ha practicado la economía de mercado, el liberalismo o el sistema capitalista; por lo cual muchos empresarios lejos de ser de derecha, lo que han practicado durante décadas ha sido lo que se denomina mercantilismo (1) o

1.- El mercantilismo como corriente de pensamiento económico tuvo su máxima expresión en Francia en el siglo XVI bajo el mandato de Jean Baptiste Colbert, ministro de finanzas de Luis XIV. Durante su mandato, Colbert protegió e impulsó a las empresas agrícolas e industriales de Francia a través de subsidios, créditos y otras facilidades mientras que al mismo tiempo imponía fuertes restricciones a las importaciones. (https://economipedia.com/definiciones/mercantilismo.html)

...el pensamiento que promueve esta doctrina (Mercantilismo) encuentra eje principal en el Estado, como motor de la economía y del desarrollo de un país. Además, este término económico hace referencia a todas aquellas medidas que son tomadas por un Gobierno con la intención de proteger la economía propia, es decir, es una teoría que favorece la producción propia e interna de un país. (www.economiasimple.net/glosario/mercantilismo)

"socialismo para ricos". En este sistema practicado durante años, es el Estado quien decide quién gana y quien pierde en el juego económico, y no el mercado a través de la libre competencia bajo la ley de la oferta y la demanda.

En todos los gobiernos modernos desde Gómez hasta la fecha, han existido grupos económicos que bailan "pegados" con el gobernante de turno. Amasan fortunas aprovechándose de prebendas políticas que van desde créditos, subsidios y políticas proteccionistas, hasta el establecimiento de monopolios con el visto bueno del Estado.

¿Es que acaso los grandes grupos económicos venezolanos surgieron en un mercado libre y competitivo?, o por el contrario los grandes millonarios en Venezuela, los de antes y los de ahora, lo que han hecho es aprovecharse de sus conexiones con los gobernantes para obtener estos enormes beneficios.

En el año 1.984, en un discurso pronunciado ante la Asociación Venezolana de Ejecutivos donde se dieron cita figuras del mundo empresarial venezolano, (entre ellas Gustavo Cisneros, actual presidente del Grupo Cisneros); Carlos Rangel dejó muy claro cuál era el accionar de estos grupos económicos.

"Es evidente que tiene que haber algo radicalmente errado en el modelo de desarrollo que hemos venido usando, esto además lo admite todo el mundo. Pero en boca del país político, suele significar que según ellos en Venezuela, se ha ensayado la economía liberal y que es eso lo que ha fracasado y lo que hay que tirar a la basura.

Según el país político de Derecha a Izquierda, o de izquierda a izquierda porque aquí nadie está dispuesto a no pretender ser izquierdista, aquí se ha ensayado y aquí fracasado la economía de mercado y las soluciones donde hay que buscarlas es en un mayor intervencionismo del Estado mediante instrumentos tales como la Ley de Costos, Precios y Salarios con las que se nos está amenazando.

La verdad es exactamente lo contrario. En Venezuela ni en años recientes, ni en realidad ¡NUNCA!, hemos tenido una economía Libre"

Más adelante continúa diciendo:

"Y el segundo mejor negocio, ser amigo, cómplice o sirviente de los dueños del Estado (aplausos); así como la manera más segura de arruinarse, ha sido tradicionalmente ser enemigo del Gobierno.

...Ningún ciudadano por productivo y meritorio que sea está seguro en su posición, a menos de haber tenido cuidado de vincularse estrechamente al mundo de la política. Esa vinculación indispensable para no sufrir abusos de poder, casi invariablemente sirve para perpetrarlos, de modo que hombres quienes en circunstancias más propicias hubieran dedicado toda su energía, toda su inteligencia a cumplir cabalmente su función social específica de productores de riqueza y empleo, encuentran primero indispensable y luego provechoso, pactar privilegios con el poder político.

Es pues falso de toda falsedad que haya fracasado en Venezuela la economía de mercado, no se ha de verdad nunca ensayado. Lo que ha habido aquí ha sido en primer lugar una economía pre capitalista: la del imperio español; antagónica a la economía de mercado, basada en el monopolio, el privilegio, la corrupción (ya entonces); y en general los estorbos burocráticos a toda actividad privada."

En otra parte de esta magistral exposición y luego de hacer un breve repaso histórico acerca del afán estatista de la economía en distintos períodos, Rangel saca a relucir las raíces socialistas de los gobernantes de turno.

"Viene pues de muy lejos la pasión estatista e interventora de los gobiernos venezolanos y también la costumbre de que la función pública sirva para enriquecerse, pero en el camino esas dos tradiciones se han agravado monstruosamente por dos factores nuevos: El Socialismo y el Petróleo.

El Socialismo fue una idea extraordinaria, una ambición grandiosa, usar la inteligencia humana para diseñar la sociedad en forma perfecta; por lo mismo entusiasmó a todo el mundo. Pero hoy el Socialismo está en bancarrota en todas partes, en bancarrota económica en los países donde existe el Socialismo a medias y más todavía naturalmente donde aflige a la sociedad la variedad de Socialismo perfecto, conocida como Comunismo.

Pues bien, la combinación del atractivo inicial del Socialismo que todavía los alcanzó en su juventud, antes que se ensayara en ninguna parte, del sovietismo y del tecer mundismo; ha hecho que nuestros políticos contemporáneos hayan sido y persistan en ser todos más o menos socialistas. En estar convencidos de que la economía de mercado es una etapa en el mejor de los casos, transitoria hacia alguna forma de socialismo. En abrigar hostilidad, desconfianza e incomprensión hacia la figura del empresario; y en suponer que la manera de manejar cualquier situación o resolver cualquier problema, es o bien dictar el Estado lo que deben hacer los particulares; o bien apoderarse el Estado directamente de esa área y de cada vez más áreas de la acción humana.

Y Cuando el Socialismo conquista a nuestros dirigentes políticos contemporáneos en su adolescencia y en su juventud, no viene a contradecir o a contrapesar la tradición hispánica intervencionista, estatista, autoritaria de omnipotencia de los Gobernantes y de desprecio de los gobernantes por la sociedad civil y la actividad de los particulares, sino que se juntan las dos cosas y se multiplica el efecto"

Ni antes ni mucho menos ahora, el sector empresarial venezolano ha sido promotor de las ideas liberales en lo económico, muy por el contrario se han arropado bajo la cobija del estatismo para su provecho personal. La verdad a muy pocos de estos grandes grupos económicos les interesa que exista una economía de mercado, libre y competitiva; sino que prefieren el proteccionismo estatal para asegurar sus intereses.

Los únicos que pierden en el sistema de Libre Mercado, son aquellos que dependen del Estado para mantener sus fortunas.

3er Mito: La oposición venezolana es de derecha.

A lo largo de todo el libro se ha planteado una y otra vez el hecho de que en Venezuela, no ha existido un Gobierno Capitalista ni una derecha política verdadera (más adelante hablaremos de sus excepciones).

Ahora bien, ¿por qué existe la idea de que los partidos que actualmente se oponen al Gobierno Socialista Bolivariano y Revolucionario del siglo XXI, son partidos de derecha? No son pocas las personas que hasta el momento de leer el presente texto, pensaban que los principales partidos opositores respaldan esta ideología.

Esto como todo puede tener muchas explicaciones. En principio quienes llevan adelante el socialismo revolucionario del siglo XXI, han descalificado una y otra vez a sus adversarios acusándolos de ser capitalistas, neo liberales o de derecha. Adjetivos como "La derecha Maltrecha", "La Extrema Derecha", "Los Pelucones", etc. se repiten constantemente.

El hecho de que los partidos opositores hagan silencio ante esto y no se defiendan diciendo que son de izquierda, aumenta de manera evidente esa concepción en la ciudadanía.

Ninguno de los líderes de la "oposición" manifiesta ser de izquierda, mucho menos se declaran socialistas, esto pasa porque es normal que no quieran entrar en el mismo saco del gobernante de turno, para que el ciudadano de a pie pueda llegar concluir que son más de lo mismo. Es preferible dejarlo a la imaginación.

Por otra parte las feroces campañas que llevan adelante los sectores "opositores", las hacen atacando directamente al Socialista que está a la cabeza, es decir, sus ataques están centrados en el Socialista que está al mando de la presidencia de la República, no atacan al sistema socialista imperante; y es lógico porque el socialismo no se opone al socialismo.

Mal pueden los líderes de los principales partidos de oposición decir que el socialismo no funciona, cuando ellos creen en lo mismo con sus diferentes matices.

Su mejor argumento es decir que "esto no es socialismo", que "no hay socialismo porque no hay justicia social", etc. les interesa lavarle la cara al sistema que llevarán adelante en caso de llegar al poder.

Hay que recordar como se dijo anteriormente, que el problema no es el socialista de turno, el problema es el sistema socialista sin importar quién lo lleve adelante.

Después de esta posible explicación del por qué se insiste en decir que en Venezuela existe una derecha política, voy a atreverme a plantear dos teorías adicionales basándome en el Mapa ideológico de Marcos Polesel.

La primera de esas teorías pertenece al propio Marcos Polesel.

Funciona si tomamos el mapa y en vez de verlo de forma horizontal, lo visualizamos de manera vertical, es decir colocamos a la izquierda en donde se ubica el Autoritarismo y la derecha en el lado de las libertades políticas.

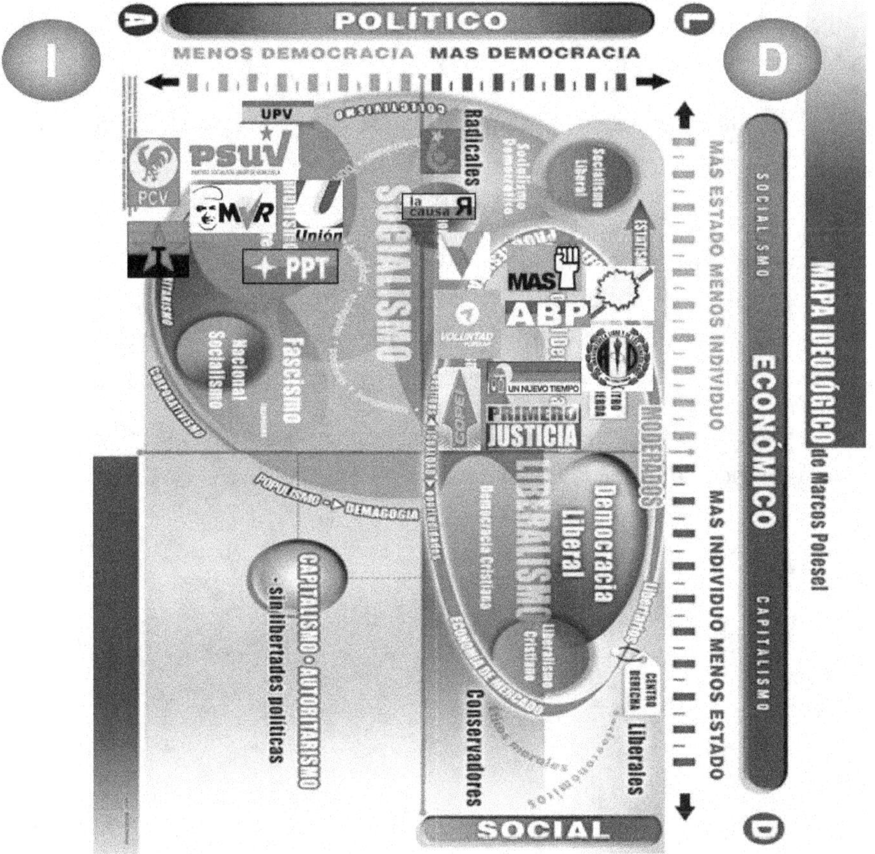

Dispuesto así, entonces la izquierda estaría representada por todos aquellos partidos de corte autoritario o dictatorial, y la derecha evidentemente por todas las facciones que creen y luchan por un sistema democrático de libertades políticas.

En este escenario las libertades económicas quedan relegadas al fondo de la política, no es un tema a discutir, porque la lucha se da en el campo de las libertades civiles.

Reducen todo el debate a solo dos visiones, democracia y dictadura.

En esta época cuando los liberales debatimos y queremos hacer entender la importancia y lo vital que significan las libertades económicas, en la mayoría de los casos la respuesta es: en estos momentos lo importante es salir de la dictadura, desplazar el autoritarismo, eso de la economía ya lo veremos más adelante.

Su foco está en el rescate de la democracia que por supuesto es necesaria, pero si no entendemos qué fue lo que nos trajo aquí, es muy probable que la lección no haya sido aprendida y volvamos a repetir la historia.

Algunos aprenden del pasado, otros lo ignoran y son éstos últimos los condenados a repetir fracasos. Es por ello que mientras muchos luchan por la democracia como fin último, los liberales aspiramos la libertad en un sistema democrático… que pequeña gran diferencia.

La segunda teoría es personal y aplica tomando el mapa y moviendo el centro un poco más hacia la izquierda.

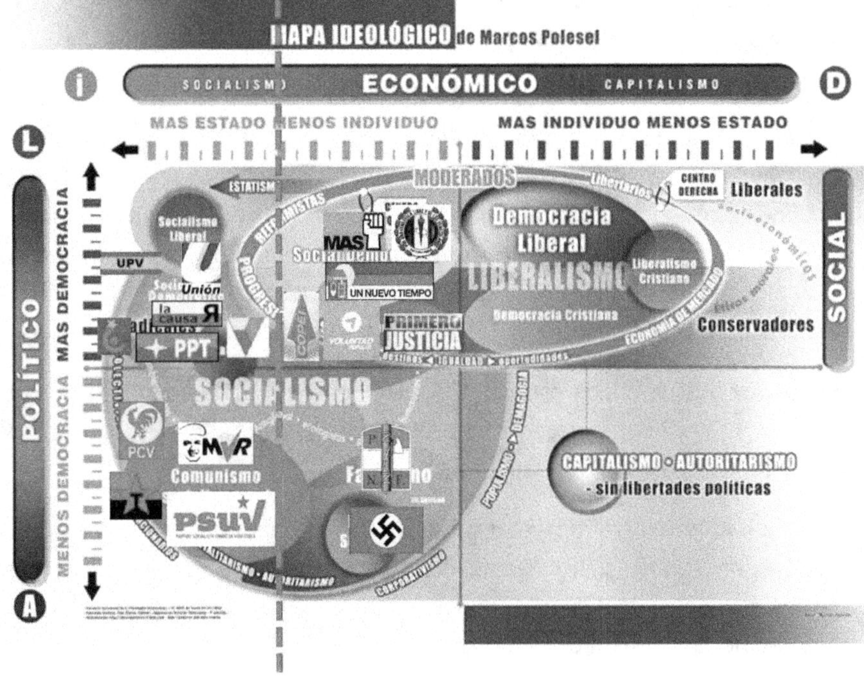

Visto de esta manera entonces se pudiese decir que la centro izquierda moderada, esa que acepta la propiedad privada, que regula, controla, dirige y es dueña de alguno factores de producción pero no todos; vendría a representar la derecha, claro la derecha de la izquierda.

Los que están más a la izquierda, es decir los que llevan adelante una política económica aún más dirigista o que apoyan la idea del Estado empresario en el que todos los sectores productivos son manejados por el Gobierno; son la "verdadera izquierda".

Esto aplica también en el plano del autoritarismo en el que los comunistas, acusaban a Hitler y su partido nacional socialista de ser de derecha. Idea que al día de hoy quedó impresa en la mente de la mayoría.

En esta teoría quienes creemos en el liberalismo como sistema económico pasamos a ser la "ultra derecha" o la "extrema derecha" o cualquier otro epíteto que se les ocurra. Somos los radicales, los intransigentes, los anti sistema, los capitalistas inescrupulosos.

Quienes queremos una cambio de sistema y salir del socialismo para entrar a una economía de mercado, quienes pedimos la reducción del tamaño del Estado, quienes trabajamos por lograr libertad no sólo política sino económica, quienes no queremos que los políticos dirijan nuestra vida, sino que simplemente trabajen en su área de responsabilidad y cumplan con sus funciones de brindarnos seguridad, infraestructura digna, ley y orden; entonces somos los locos. ¿Tiene esto algún sentido?

Una vez derrumbados estos mitos históricos, pasemos a hablar de los muy pocos movimientos venezolanos, auténticamente de derecha que han existido o existen en la actualidad.

Inicialmente voy a nombrar algunas de las figuras históricas que han apoyado las ideas libertarias en Venezuela. Ciertamente hay varios referentes importantes, algunos desconocidos para la mayoría que hicieron de la libertad su bandera:

- Francisco de Miranda, precursor de la independencia.
- Juan German Roscio, Político, abogado e ideólogo del movimiento independentista de Venezuela
- Tomás Lander, fundador del periódico el venezolano y del Partido Liberal de Venezuela, uno de los propulsores del liberalismo en nuestro país. Se opuso al colonialismo y los realistas e incluso alzó la voz en contra del propio Simón Bolívar y su idea de conformar la Gran Colombia. Es uno de los pocos civiles enterrados en el Panteón Nacional.
- Antonio Leocadio Guzmán, junto a Tomás Lander funda El Venezolano y el Gran Partido Liberal Venezolano.

(Por supuesto hay muchos más hombres y mujeres que se pudiesen nombrar para engrosar esta lista, pero reitero que no es ese el punto focal de este libro profundizar ni ir mucho más allá, solo se toman algunas figuras de manera referencial)

El gran partido liberal venezolano con su lema "Más quiero una libertad peligrosa, que una esclavitud tranquila", fue durante su existencia el único partido que defendió las ideas liberales en lo político y económico.

Aunque algunas de sus figuras representativas que llegaron a ser presidentes desvirtuaron en ciertas oportunidades su ideología, se podría decir que en general fue el primer ensayo real en lo político de implantar en Venezuela algunos principios Liberales. Lamentablemente este partido fue disuelto hace más de 100 años.

En la política moderna son muy pocas las personas que han portado la bandera del liberalismo, la derecha o de la batalla ideológica en contra de la izquierda y del socialismo como sistema.

Pero uno de los personajes más importantes quien intentó desenmascarar a la izquierda, quien proponía un cambio de rumbo radical y además tuvo el coraje de entrar en el terreno político, fue el presentador e ícono de la televisión venezolana: Renny Ottolina.

En el año 1978 en uno de sus programas, Renny Ottolina denunciaba el ventajismo de los partidos políticos durante la campaña presidencial y la permisividad del Estado en cuánto a la colocación de propaganda política en postes y paredes incluso de instituciones educativas. Aunque nunca se declaró como derechista o liberal sino como un venezolano nacionalista, ya para ese entonces su oposición a la izquierda era evidente:

"Y los mismo Adecos que Copeyanos, es la misma cosa y todos ellos, todos los partidos políticos tiene su misma estructura y su misma manera de pensar; ventajista y fuera de las leyes... Todos, todos, el MAS el MIR, todos ellos son exactamente iguales en eso.

Y se apoderan de los puentes, está prohibido... de los postes, está prohibido; paredes de cementerios propiedad pública, está prohibido; ¡Paredes de Liceos!, especialmente la izquierda, que maravilloso ejemplo le dan a los adolescentes los de la izquierda, los puros de la izquierda... ¡Los Puros Bandidos de la Izquierda!"

Durante su breve campaña política y dentro de un movimiento independiente (Movimiento de Integridad Nacional – MIN) de carácter nacionalista, Renny Ottolina defendió las ideas de libertad en lo político, promovía la meritocracia en contra de la partidocracia, creía en el federalismo atacando el centralismo, promovía la producción nacional de alimentos pero alejado de la ley de tierras (a la que no le veía sentido alguno), entre otras muchas propuestas y pensamientos.

Se puede decir que sus ideas eran avanzadas para la época ya que sus opiniones y predicciones de lo que pasaría en Venezuela si no se cambiaba el rumbo y se recuperaba tanto la identidad nacional, como los valores ciudadanos, mantienen su vigencia hoy en día.

Luego de la trágica muerte de Renny en un accidente en el que la avioneta que viajaba se estrelló, sus ideas quedaron en el tintero. Aunque su partido estuvo vigente hasta el año 2.015, fue muy poco lo que sobrevivió de su ideario.

En la actualidad (año 2.019), el liberalismo en Venezuela ha experimentado un pequeño auge sobre todo en la población más joven.

Este moderado crecimiento de las ideas de libertad puede ser a causa del fracasado modelo socialista del siglo XXI impuesto en Venezuela durante los últimos 20 años y que ha llevado adelante el partido de Gobierno, por las erráticas acciones de las organizaciones de izquierda moderada que se le oponen o porque en definitiva quienes llevamos adelante esta ideología hemos de alguna manera sembrado y estamos empezando a cosechar.

Cualquiera sea la razón cada vez son más quienes vemos en la democracia liberal, una salida real, ideológicamente definida e históricamente probada, a la crisis política, económica, moral e institucional de los últimos 80 años.

Movimientos como el Movimiento de Derecha Liberal (MDL), la Organización Libertad y Democracia (OLD), Derecha Ciudadana, el Movimiento Libertario de Venezuela, Rumbo Libertad, Disobey, Frente de Derechas Unidas, Fuerza Libertaria, Movimiento 5 Reformas, entre otros; y la única organización a la fecha registrada ante el Centro Electoral Nacional (CNE) Vente Venezuela, son un claro ejemplo de cómo las ideas liberales han ido proliferando en la conciencia de los ciudadanos.

Con cada uno de sus bemoles, estos movimientos algunos con más base ideológica y otros más partidistas y clientelares, demuestran que se están dando pasos en la dirección correcta.

Aunque actualmente atomizados en pequeños grupos, movimientos y/o partidos, son en definitiva una fuerza que debe y será despertada, para el bien de nuestra nación.

Por mi parte estoy convencido que en un futuro el talento y honestidad de algunos que se atreverán a desafiar lo escrito, serán el motor para la gloria y el progreso de la mayoría.

Venezuela no puede seguir condenada a la miseria eterna de sus ciudadanos por un pasado oscuro que nunca debió ser.

Es por ello que son cada vez más los movimientos y organizaciones de derecha que se están levantando con el fin de crear una verdadera oposición política e ideológica, que represente una alternativa en contra de todos las partidos de izquierda socialista que quieren mantener secuestrado el debate de las ideas.

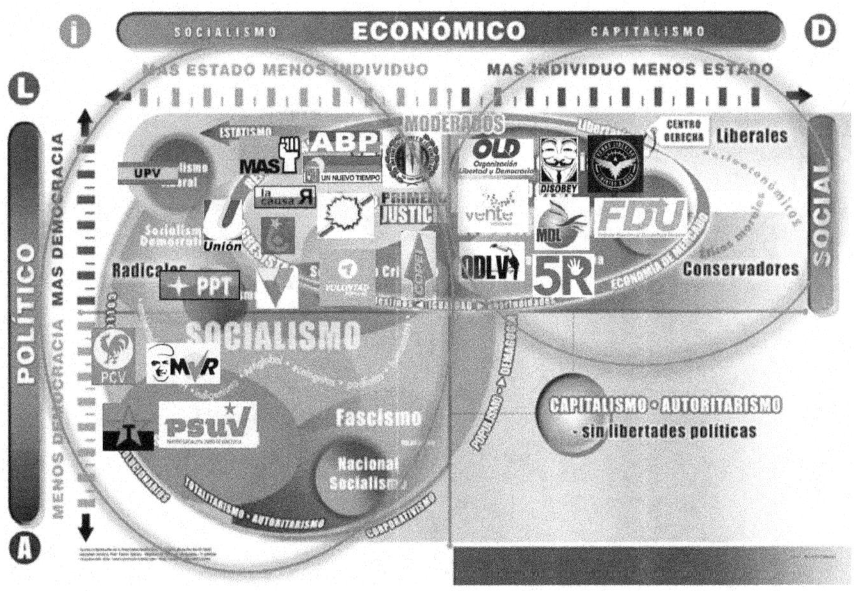

Capítulo IV

Cómo salir del socialismo, la indispensable formación ciudadana

**"Enseñar no es transmitir ideas a otros
sino favorecer que el otro las descubra"**

Ortega y Gasset

EL NECESARIO DESPERTAR

En años recientes todos estos nuevos movimientos liberales y de derecha que hacen vida en Venezuela, han llevado adelante distintas propuestas con el fin de lograr el tan necesario cambio de sistema y dejar atrás los 80 años de socialismo que hemos padecido en nuestro país.

Dentro de las mencionadas propuestas existen organizaciones que han mantenido la tésis de la formación ciudadana como paso indispensable para el cambio político.

Educar al ciudadano y acercarlo al pensamiento liberal, para formar una real conciencia acerca del camino que se debe recorrer.

El objetivo es crear una masa crítica de ciudadanos conscientes y despiertos ideológicamente para combatir al socialismo desde el campo de las ideas, de la necesaria confrontación ideológica.

No basta sólo decir que el socialismo es malo, que no sirve, que es una ideología fracasada; hay que también entender por qué esas ideas colectivistas terminan convirtiéndose en tiranías que empobrecen las naciones y más necesario saber cuál es la forma real de cambiar nuestra realidad.

Esta masa crítica de personas armadas con ideas y pensamientos, es uno de los vehículos para lograr que el liberalismo prospere en Venezuela, no sólo como ideología, sino como movimiento político en el que sus simpatizantes defiendan estas ideas en cualquier terreno.

En su manifiesto "Visión de País" la Organización Libertad y Democracia (OLD) uno de los movimientos de derecha que hacen vida en Venezuela, plantea la importancia de crear un movimiento ideológicamente formado:

"La ideología es la que crea y estimula los verdaderos cambios en una sociedad moderna. Una idea, un concepto, una filosofía una creencia es tan poderosa como un fusil. Si no volvamos la mirada a las miles de personas que han muerto por un ideal. Las ideas se combaten con ideas, combatir las ideas con armas es simplemente multiplicar la cantidad de mártires en las páginas de nuestra historia.

Es momento de retomar la batalla ideológica pero para no cometer los mismos errores del pasado, sino por el contrario, para promover un sistema político, social y económico que nos lleve al despegue definitivo como Nación."

Para recomponer la nación y reconstruirla desde sus cimientos, para rescatar nuestra sociedad, nuestros valores ciudadanos y sobre todo nuestra economía; deben existir personas que entiendan los sacrificios que están por venir.

Venezuela sufre de una enfermedad llamada socialismo y el remedio no es para nada agradable, tomar las medidas necesarias como nación exigirá de nosotros como ciudadanos un enorme sacrificio e incluso soportar situaciones aún más extremas de las que nos ha tocado vivir. Sólo las mentes despiertas estarán preparadas y dispuestas a sacrificarse por un futuro distinto.

Si los habitantes de un país no entienden esto último, cualquier medida que se tome para sanearnos como sociedad y como nación, será inmediatamente satanizada por los grupos de izquierda.

Será catalogada como "paquetazos", "Neo liberalismo salvaje", "Ataques al Pueblo" y cualquier otra forma de propaganda perniciosa que sirva como justificativo para llevar adelante acciones violenta contra el Gobierno. Pasó en Venezuela con el Caracazo, en Colombia, en Argentina y al momento de escribir este libro está sucediendo en países como Chile y Ecuador.

Una ciudadanía ideológicamente preparada no caerá en estas provocaciones, sino por el contrario las repudiará y combatirá porque sabe que su sacrificio momentáneo servirá para entregarles una mejor Venezuela a las próximas generaciones. Porque en lo que debemos estar claros es que hay una generación llamada a hacer el necesario sacrificio, queda de nuestra parte decidir si queremos que esa generación sea la nuestra o la de nuestros hijos.

He aquí la importancia de la formación y la educación ciudadana, la ignorancia solo le sirve a aquellos que prefieren una sociedad sumisa y a los pies del gobernante de turno.

Esto por supuesto es un trabajo largo y complejo. La izquierda lleva más de 80 años seduciendo a los venezolanos y creando cualquier cantidad de mitos históricos que no son fáciles de derrumbar.

Tarea compleja pero no imposible, este libro representa en sí mismo una de las herramientas para avanzar en esa formación del ciudadano, en ese despertar de conciencias, en ese nuevo y necesario amanecer. Adicionalmente todos quienes de una manera u otra entendamos y abracemos estas ideas tenemos el deber de difundirlas, de hablar con nuestros amigos, vecinos y familiares; debatir y profundizar en la concepción política que queremos para nuestra nación.

Es casi una obligación no quedarse callado y defender la libertad en todos los terrenos.

LA BATALLA IDEOLÓGICA

Lo que está planteado en Venezuela y en gran parte de Latinoamérica es una batalla de ideas. Confrontar al socialismo y toda clase de dirigismo estatal, con el liberalismo como doctrina de libertad.

No falta quien salga diciendo que esto de las ideologías es algo obsoleto, conceptos del siglo pasado que no aplican en la actualidad. Que eso de izquierda y derecha está en desuso y por ende no vale la pena hablar de ideologías sino más bien de pragmatismo político.

Por mi parte creo que este planteamiento le sirve mucho a la izquierda y le hace un flaco favor a quienes defendemos las ideas liberales, porque mientras nos refugiamos en ese pragmatismo la izquierda sigue adoctrinando a las sociedades con su ideal fracasado y destructivo.

Es hora de que la derecha política se levante, que salga al ruedo a combatir y a confrontar al socialismo y a la izquierda. Que se una al debate para poder presentar los principios ideológicos que la conforman, que se empiecen a derrumbar los mitos y las mentiras, que nazca una opción distinta de manejo político - económico en Venezuela y el resto de Latinoamérica.

El liberalismo como ideología es tan o más fascinante que el socialismo. El liberalismo de hecho ha demostrado ser un ideal muchísimo más ético y moral que cualquier pensamiento que intente masificar a la sociedad.

La gran diferencia entre los ideales sociopolíticos que sustentan los manejos económicos de las naciones, nunca ha sido en base a sus objetivos ya que tanto el ideal socialista como el liberal proponen e impulsan el bienestar colectivo; lo que las distancia es el éxito que ha tenido el liberalismo en ser el único de los dos sistemas que en su historia y aplicación, ha demostrado que ese ideal es posible.

En el año 1956 Ludwig Von Mises nos dio una idea de cómo llevar adelante esta batalla:

"Todo movimiento anti algo implica una actitud puramente negativa. Carece de probabilidad alguna de triunfar. Sus apasionados ataques verbales, sirven mas bien de propaganda al programa combatido.

La gente ha de luchar por un ideal... Frente al socialismo, únicamente servirá un respaldo sin reservas de la economía de mercado"

Ya basta de "Fulanito vete ya", "Perensejo no sirve" o cualquier otra consigna vacía, el ciudadano no sólo quiere que un gobernante se vaya, necesita creer en algo, luchar por una idea, apasionarse por la visión de un país distinto.

La derecha ha estado callada y arrinconada durante años, se dejó desplazar del campo político muchas veces sin resistencia alguna. En determinados casos nunca tuvo oportunidad como sucedió en Venezuela donde todos sus dirigentes cayeron en el embrujo socialista condenando a la sociedad a conocer sólo un lado del espectro político.

Pero el tiempo de Dios es perfecto y actualmente como nunca en nuestra historia hay una gran oportunidad para que nazca esa opción de libertad.

Fernando Mirés en su obra "Al borde del abismo", escrita hace más de una década ya entendía este panorama:

"En América Latina... La zona política está marcada por una derecha que se mueve exclusivamente en el espacio de la economía y de una izquierda que se mueve casi exclusivamente en el espacio de la ideología.

En este contexto, uno de los grandes vacíos en el mapa político latinoamericano se debe a la inexistencia de derechas auténticamente políticas...

¿Qué tiene de asombroso, entonces, que en la América Latina de los últimos tiempos las elecciones sean ganadas por la izquierda en sus más diversos tipos y matices?"

Más adelante concluye:

"...Una izquierda sin una derecha, además de ser una imposibilidad geométrica, es una anomalía política"

Es más que evidente la necesidad que existe de que esa derecha "auténticamente política" aparezca en el panorama.

En Venezuela el ideal de libertad política, social y económica en toda su extensión debe convertirse en el valor más importante, porque sólo en libertad el individuo es capaz de desarrollar todo su talento y potencial. Sería ridículo pensar que la libertad concebida de esta manera represente una amenaza para un sector de la sociedad en particular ya que la misma aplica a todos los ciudadanos por igual.

Creo que nadie puede estar en contra de la libertad como principio fundamental de toda sociedad. Pero no sólo la tan ansiada libertad política sino también la económica.

Todo parte de algunos principios fundamentales que se manifiestan en cada ideal político, el socialismo tiene sus puntos de partida y de llegada, al igual que el liberalismo. De lo que se trata es de simplemente conocerlos y saber cuál de ellos están más alineados con nuestro pensamiento.

Comencemos con algunos puntos de partida ideológicos que proponen el socialismo y el liberalismo.

◄ SOCIALISMO	LIBERALISMO ►
Ideología: Socialista	**Ideología**: Liberal
Propiedad social: Se refiere a la colectivización de la propiedad, la estatización, nacionalización e incluso expropiación "justificada" o arbitraria; con el fin último de bien sea eliminar la propiedad privada o de hacerse de los	**Propiedad privada:** Entendiendo que el individuo es dueño de su vida, existe un respeto irrestricto a su propiedad. Al ser dueño de su ser, todo ciudadano es también dueño de lo que produce con su esfuerzo personal.

factores de producción con la eterna excusa de la equitativa redistribución de la riqueza, en busca de lo que ellos llaman "justicia social". Acciones que realizan utilizando el aparato del estado, la fuerza y/o la coacción.	Nada ni nadie puede arrebatarle lo que por naturaleza y por derecho le pertenece, mucho menos utilizando el monopolio de la fuerza que posee el estado.
Lucha de clases: Según Marx la lucha de clases es el único mecanismo que existe para el desarrollo de las sociedades, promoviendo el odio interno entre los diferentes estratos e impulsando la revolución sea armada o a través de mecanismos democráticos.	**Tolerancia y paz social:** El liberalismo entiende que la única forma en el que las sociedades pueden avanzar es en un clima de paz y tolerancia. Ningún país se desarrolla en medio de un conflicto armado o de otra índole, bien sea de carácter interno o externo.
División de la sociedad: El precepto básico del socialismo tiene implícito la necesaria división de la sociedad. Puede ser entre ricos y pobres, oligarcas y pueblo, trabajadores y explotadores, peones y hacendados, etc. Esta es la semilla para sembrar el odio, la envidia o el resentimiento entre unos y otros actores, lo que justifica cualquier acción en busca de la "justicia social" por supuesto mal entendida, pero sobre todas las cosas manipulada para sacar el máximo provecho.	**Cooperación Social:** La cooperación es la base para la construcción de la sociedad. Entendiendo que cada persona juega un papel importante desde su área de responsabilidad, se promueve un clima de respeto hacia las actividades de cada ciudadano y su aporte al desarrollo de la nación. Puede ser a través de la cultura, el oficio, las artes, el servicio público, la siembra, el emprendimiento, las tareas del hogar, etc; lo que importa es que cada actor ponga su grano de arena y sea reconocido por parte del resto de sus conciudadanos, sembrando de esta manera tolerancia y paz social.

Igualdad de destinos:	**Igualdad ante la ley:**
El ideal de la igualdad social es motor fundamental del pensamiento socialista, de hecho toda su teoría tiene como meta lograr una sociedad sin clases sociales e igualitarista. Bajo esta premisa se acepta la eliminación de la propiedad privada para evitar desigualdades, eliminación del capital privado, redistribución "equitativa" de la riqueza generada por las empresas en manos del estado. El problema es que en la eterna búsqueda de la igualdad, el estado comete abusos "justificados" poniendo en práctica lo que se conoce como el saqueo legal, es decir, un saqueo que proviene de parte de quien debería inicialmente evitarlo. De esta manera históricamente la igualdad que se logra es la de destinos, una igualdad pero hacia abajo se aumentan los niveles de pobreza a la vez que destruyen las clases superiores. Un destino compartido por todos, menos por los jerarcas del partido y sus aliados económicos.	La única igualdad posible es ante el aparato de justicia del Estado. Los seres humanos somos diferentes, cada quien tiene potencialidades y talentos únicos, creer que su pueda lograr que todos seamos iguales es ir en contra de la naturaleza misma. La única igualdad que los gobiernos deben y pueden garantizar es en el momento de la resolución del algún conflicto. Es por esto que cuando se trata de administrar justicia, la misma se representa como una dama con los ojos vendados ya que el principio es que la ley se debe aplicar a todos por igual. No importa la condición social, género, religión, orientación sexual, grado de instrucción, cargos públicos y/o privados, el monto de la cuenta bancaria, etc., frente a una justicia imparcial gana quien tenga de su lado la razón. Esta es la única igualdad a la que se puede aspirar y en dado caso exigir a los gobernantes de turno.
Masificación de la sociedad:	**Libertad individual:**
En el socialismo existe el "pueblo", una masa uniforme de seres aglutinados en una especie de ente que según los socialistas piensan, respiran, anhelan y sienten lo mismo.	El liberalismo promueve el respeto a la individualidad. Aspira una sociedad de ciudadanos libres a quienes no sólo se les deben respetar

Ellos son la voz de ese "pueblo", saben que es lo mejor para quienes lo componen y se sienten en la capacidad de dirigirlos por el camino que ellos consideran el correcto. Esta masificación de la sociedad tiene como resultado la creación de líderes a los que les rinden culto porque ellos son quienes mejor representan las aspiraciones de las mayorías.	sus derechos, sino que se les invita a cumplir sus deberes. Promueven la responsabilidad individual, una responsabilidad inherente a la libertad. Cuando eres libre también te debes hacer responsable de tu destino.
Ateísmo: Aunque normalmente es una particularidad de la izquierda más radical, el ateísmo forma parte de la filosofía Marxista – Leninista originaria. Por ello Marx hace referencia a la religión como "El Opio del pueblo"	**Libertad de culto**: Es evidente que el respeto a la libertad individual, incluye la tolerancia ante cualquier expresión de fe por parte del ciudadano de una nación.
Servilismo y neo esclavitud: Ya vimos en páginas anteriores como el socialismo puede llegar a crear seres arrodillados y esclavizados por un estado omnipotente.	**Libertad de asociación**: Al proponer que los ciudadanos tengan la libertad de desarrollarse, esto también implica que tengan la libertad de realizar cualquier tipo de asociación fuera de la intervención del estado. Esto permite que los individuos puedan relacionarse de manera libre, bien sea para iniciar cualquier empresa, negociar entre ellos o agruparse con distintos fines, sin temor a que esto pueda tener algún tipo de consecuencias o represalias por parte del aparato gubernamental.

Pasemos a los principios que mueven su accionar Político.

SISTEMAS POPULISTAS	SISTEMA DE LIBERTADES
Corriente Política Socialismo, socialismo democrático, socialismo cristiano, socialismo humanista	**Corriente Política** Democracia liberal
Dictadura de las Mayorías: La democracia mal entendida, aquella utilizada por algunos grupos de izquierda para acceder al poder reduciendo el concepto democrático al simple acto electoral, termina convirtiéndose en una dictadura de las "mayorías votantes". Incluso en aquellas oportunidades en las que la abstención se hace presente, ni siquiera se puede hablar de mayorías sino más bien de minorías. El resultado obtenido en la votación sirve de excusa para que "en nombre del pueblo", los gobernantes transgredan las instituciones y violen la ley, como si el resultado obtenido fuese una patente de corso que les otorga poderes excepcionales.	**Democracia limitada:** En un sistema realmente democrático, el voto es un ingrediente más de la torta, tener el poder de elegir a través de un acto electoral es parte de un concepto mucho más amplio que involucra el respeto a las instituciones, la separación de los poderes, las libertades civiles, etc. En este sentido la democracia aparte de bien entendida debe ser limitada, porque incluso es posible que un ciudadano vote por un gobernante y al día siguiente arrepentirse y no apoyarlo en sus decisiones y/o acciones. Lo más importante es la premisa básica que nada ni nadie puede estar por encima de las instituciones ni mucho menos de la ley, por más votos que pueda obtener en una elección.
Control de los medios: Poder tener el poder de la información, bien sea a través de la posesión de los diferentes medios o a través de su regulación y control es una característica de los sistemas socialistas.	**Libertad de expresión:** La libertad no sólo de informar sino de callar, es signo característico no sólo del liberalismo sino de un verdadero sistema democrático.

En la Venezuela de la llamada cuarta república, esto se hizo evidente inicialmente con el control por parte del estado del espectro radioeléctrico que le permitió a ciertos grupos económicos mantener un pequeño oligopolio durante muchos años. Una vez se flexibilizaron las "concesiones", aun el estado mantenía un fuerte control a través de la intimidación o coerción (algunos recordarán cuando en el año 1996 el gobierno de Caldera detuvo a un astrólogo de nombre José Gómez por haber "anunciado" la muerte del mandatario). Este control de los medios de comunicación ha sido mucho más evidente durante el socialismo más radical de los últimos 20 años.	Hay una frase de la autora Evelyn Beatrice Hall muchas veces atribuida de manera errónea a Voltaire, que resume en pocas palabras este principio: "No estoy de acuerdo con lo que usted dice, pero defenderé hasta la muerte su derecho a decirlo"
Poderes cautivos del ejecutivo: El poder ejecutivo o en otras palabras la dirección única por parte del presidente del partido es una característica del marxismo. Todas las decisiones son tomadas por el comité que lo dirige una persona, lo que termina reflejando más una sistema autoritario y personalista que otra cosa. En la socialdemocracia llevada adelante por la centroizquierda esto no se da de manera tan evidente, pero durante el bipartidismo de AD y COPEI, era muy palpable la remoción de personas claves dentro de los organismos públicos, en el momento que ocurría un cambio en el ejecutivo.	**Independencia de los poderes:** Ya se comentó anteriormente pero al hablar de democracia la separación e independencia de los poderes públicos es una condición necesaria. En el caso específico de Venezuela, para nadie es un secreto que nos hemos convertido en un país presidencialista e incluso caudillista. Al parecer esto está muy ligado al ADN de nuestra sociedad cuando ponemos en manos del mandatario de turno o del próximo a venir las esperanzas de cambio. En realidad es el equilibrio entre los 3 poderes básicos (Ejecutivo, Legislativo y Judicial) lo que puede garantizar el

Durante el llamado socialismo del siglo XXI, esta pasión presidencialista se exacerbó desde la llegada del ex presidente Chávez al poder, seguido de su sucesor.	respeto a la ley y a las instituciones, principios necesarios para el desarrollo.
Paternalismo de Estado: Hay que recordar la frase utilizada en páginas anteriores: "Los socialistas necesitan que los necesites". Esa idea que siembran en la mente de los ciudadanos de que es el gobierno quien puede y debe solucionar sus problemas; ayuda a que cada vez más se arraigue el pensamiento en los habitantes de que ellos dependen del estado para poder desarrollarse, o por lo menos para mejorar su situación social o económica. Es lógico que si un estado promete dar todo desde comida, casa, educación, salud y hasta recreación; las personas prefieran esperar a que cumplan con lo prometido o en dado caso exigir esos derechos, antes que buscar la manera de desarrollarse por sí mismos. Esta relación de dependencia permite a los gobernantes mantenerse en el poder con discursos populistas que alimentan esperanzas y aspiraciones, a costa de las reales necesidades de la población.	**Desarrollo productivo del ciudadano:** Son los gobiernos quienes dependen de los ciudadanos y no al contrario. Cuando un estado entiende que el desarrollo de una nación es directamente proporcional al desarrollo de las capacidades productivas de sus ciudadanos, lo que busca es liberar ese espíritu emprendedor en cada persona, para empoderarlas de tal manera que entiendan que son ellos quienes deben forjar no solo su propio destino sino el de la sociedad en su conjunto.
Misiones asistencialistas: En Venezuela durante toda la vida se han llevado adelante políticas sociales	**Políticas sociales de inclusión:** Todos los países del mundo poseen políticas sociales.

asistencialistas que buscan más un provecho político, que una mejora real en las condiciones de vida de los ciudadanos. Las ahora llamadas "Misiones" no buscan paliar un una situación puntual que permita a un sector de la población sortear ciertos desequilibrios para luego incluirse en la dinámica productiva, sino que se presentan como políticas eternas de asistencia social dando a entender que su objetivo no es sacar a las personas de su posible situación de pobreza, sino más bien mantenerlas allí. El mismo ex candidato presidencial Capriles Radonsky durante su campaña electoral ofreció incluir las misiones en la constitución, es decir, su propuesta electoral era constitucionalizar la pobreza, porque al ser parte de la carta magna las mismas no sólo serían para todos los habitantes sino también serían políticas sociales para toda la vida.	No existe en el planeta ninguna nación que de una u otra manera lleve adelante ciertas políticas para el desarrollo de sus habitantes. La diferencia es que dichas políticas deben tener un objetivo claro y es el de poder incluir a todos los ciudadanos en la dinámica productiva de la nación. No pueden plantearse como ayudas eternas porque una vez la política social cumpla su cometido, no debería haber razón alguna en mantenerla.
Servilismo partidista: En los sistemas socialistas cualquier ciudadano que quiera ascender política o económicamente debe pertenecer al partido de gobierno. Esa necesidad de tener "el carnet del partido", es otra forma de control social ejercida por estos sistemas.	**Libertad de pensamiento político:** Los ciudadanos deben ser libres de elegir si quieren o no afiliarse a alguna agrupación de corte político lo que no debe ser impedimento para poder acceder a cargos públicos, ni mucho menos una condición para obtener privilegios de ningún tipo.

Partidocracia:	Meritocracia:
Muy alineado con lo anterior, en los sistemas donde el dirigismo estatal está presente, normalmente son los miembros del partido de gobierno quienes llegan a las esferas más altas de poder; no sólo en las instituciones públicas, muchas a veces también en las esferas privadas.	En el liberalismo son los méritos los que se toman en cuenta para asumir cargos de dirección en las instituciones. Sin importar si es miembro de un partido o no; valores como el trabajo, la creatividad, responsabilidad, entre otros, son los que prevalecen en una sociedad más libre.

Algunos puntos de partida en el manejo económico.

CAPITALISMO DE ESTADO	LIBERTAD ECONÓMICA
Fundamento Económico Socialismo	**Fundamento Económico** Economía de Mercado
Estatismo: Factores de producción en manos del estado quien maneja los llamados puestos de mando de la economía. El estatismo exacerbado históricamente y a nivel mundial ha demostrado de manera incesante ser un modelo fracasado.	**Inversión Privada:** Factores de producción en manos del sector privado, bajo un sistema de económico que permita competir libremente.
Proteccionismo - Mercantilismo: Permite que los gobiernos decidan quién gana o pierde en el juego económico, brindando protección a sectores o a grupos económicos nacionales que inclinan la balanza y desvirtúan la libre competencia.	**Estímulo a la competencia:** El gobierno debe estimular la libre competencia no solo a nivel interno, sino además permitiendo que empresas extranjeras puedan traer sus inversiones al país. La competencia vista de esta manera obliga a los empresarios nacionales a mejorar sus productos y

Esto termina convirtiéndose en el llamado "socialismo para ricos" que bajo un sistema mercantilista, amalgama grupos económicos poderosos con politiqueros de turno.	servicios en precio y calidad, para ganar un lugar en el mercado. Un alto nivel de proteccionismo económico redunda en productos y servicios poco competitivos en los mercados internacionacionales
Intervencionismo: La concepción de que los gobiernos deben "intervenir" la economía para evitar desequilibrios y mantener los precios bajos para proteger al pueblo, es parte integral del pensamiento socialista en todos sus matices. Entre las políticas interventoras están los famosos Precios de Venta al Público (PVP) o como mejor se conoce en los últimos años "Control de Precios", Disminución o aumento ficticio de las tasas de interés, controles cambiarios (En Venezuela se remontan al año 1939, pero los más conocidos son RECADI, CADIVI, DICOM, SICAD, etc), entre otros	**Mercados libres:** Los mercados deben moverse bajo la brújula de la ley de la oferta y la demanda. Esta ley es la única que le permite saber a productores y consumidores el valor real de los productos o servicios en un momento determinado, y sirve de guía al sector empresarial saber qué se debe producir y a cuánto se debe vender y a los consumidores les da el poder de decidir qué deben comprar y el precio que están dispuestos a pagar. No sólo se habla de libre formación de precios, también el incentivo para el ahorro o el crédito, libre convertibilidad (poder pagar con la divisa que quiera siempre y cuando haya un acuerdo mutuo entre comprador y vendedor), etc
Planificación centralizada: Tomar decisiones desde un centro de poder, bien sea la capital de la República o cualquier otro lugar que centralice las decisiones a veces desconociendo las realidades de lugares que pueden estar a miles de kilómetros de distancia, es propio de la izquierda.	**Descentralización - Federalismo:** Mientras más pequeños los gobiernos mucho más eficientes en el manejo del gasto público. La descentralización permite que cada región pueda manejar sus políticas e ingresos en base a sus reales necesidades.

Esta centralización no sólo toma decisiones políticas, sino que obliga a los estados a enviar todos los ingresos por la explotación de recursos (en poder del estado) o impuestos recaudados (fisco nacional) al centro de poder, desde el cual luego lo redistribuye en base a una planificación anual (Situado constitucional) según las necesidades proyectadas de cada región, las cuales deben esperar que "le bajen los recursos" para poder cumplir con sus responsabilidades.	Cada región tiene sus características propias no sólo geográficas, sino desde el punto de vista demográfico e incluso de identidad. Es por ello que la concepción descentralizada e incluso federalista (la solución federal responde a las necesidades de los pueblos y comunidades diversas de mantenerse juntos para conseguir un fin común al tiempo que se preserva la identidad de cada uno de ellos – fuente: www.eldiario.es/zonacritica/fede ralismo), es la que más se acerca a un ideal de país en el que se respeta la identidad regional, a la vez que se fortalece la unidad nacional.
Monopolios - Cartelizaciones: Los monopolios y cartelizaciones bien sean públicas o privadas sólo se permiten en los sistemas socialistas, ya que estas prácticas van en contra de la libre competencia. En Venezuela durante los años de la cuarta república esto fue más que evidente no sólo con el monopolio por parte del estado de los recursos petroleros y mineros, sino también con el visto bueno de monopolios privados en el área de los medios de comunicación, producción de alimentos e incluso el transporte vía marítima a la isla de Margarita. En los más de 20 años de revolución como en muchos ámbitos económicos	**Libre acceso a los mercados:** El permitir bien sea algún monopolio, oligopolio o cartelización; mata de raíz la competencia. Estos sistemas no sólo destruyen la llamada democracia del consumidor al no permitir la libre elección por parte del ciudadano de qué o a quién comprar (ya que existe sólo una opción); sino que a la vez resultan en productos o servicios de mala calidad ya que al no tener competidores estos monopolistas no tiene incentivo alguno de mejorar la calidad o precio.

ya planteados estos escenarios se han visto potenciados.	
Expropiaciones: Las expropiaciones bien sean arbitrarias o de "utilidad pública", simplemente generan un clima de desconfianza en la inversión ya que se pone en entredicho la seguridad jurídica en lo que a la protección de la propiedad se refiere. Nadie va a arriesgar su dinero en un país sabiendo que en cualquier momento pueden ser víctimas del ya mencionado saqueo legal por parte del estado.	**Estímulo de inversión de Capital:** La mejor manera de estimular la inversión es a través de la seguridad jurídica por parte del estado. El respeto a la propiedad privada y el resguardo de los bienes muebles o inmuebles por parte de los organismos de seguridad pública ayudan al aumento del capital invertido. Los privados saben que toda inversión supone un riesgo de capital por la naturaleza del mercado y apuestan en base a sus capacidades de satisfacer las demandas de los consumidores, es lo normal. Ahora bien si a esa apuesta se le suma la incertidumbre de que exista la posibilidad de que su propiedad puede ser expropiada de manera arbitraria por el gobierno de turno, son muchos los que prefieren invertir en mercados (países) con mejores condiciones.
Control del Banco Central: El Banco Central de los países con un régimen de corte socialista, muchas veces está bajo el control del estado. Esto tiene consecuencias que van desde el manejo ficticio e indiscriminado de las tasas de interés, hasta la emisión de moneda inorgánica causa principal de la inflación.	**Independencia del Banco Central:** De existir un Banco Central (algunos liberales proponen la eliminación de este organismo), el mismo debe ser totalmente independiente teniendo plena autonomía en sus decisiones para cumplir su objetivo principal (controlar la inflación), pese a que sus acciones puedan afectar de manera negativa al

Por supuesto que todo obedece más a decisiones políticas que a teorías puramente económicas.	gobierno de turno y a sus intereses políticos.
Sindicatos serviles: Cuando las instituciones como los sindicatos, gremios o colegios profesionales dejan de cumplir su función y se convierten en organizaciones burocráticas al servicio del estado y sus gobernantes, son simplemente organizaciones políticas en busca de beneficios sobre todo para sus dirigentes. Utilizan entonces su estructura para organizar huelgas, paros o cualquier otra medida de presión, coerción o intimidación no sólo en contra del sector empresarial sino incluso en contra de sus propios afiliados. Bajo esta visión los sindicatos son solo un tipo de organización que agrupa trabajadores de un sector específico con fines políticos y no de mejoras reales para sus integrantes.	**Sindicatos libres:** Los sindicatos obreros y colegios profesionales son instituciones de larga data que cuando trabajan correctamente deben cumplir tres funciones básicas: 1.- Capacitación Profesional, 2.- Intermediación "honesta" en los mercados de trabajo, entre el trabajador y el empleador (buscar trabajo en empresas para sus agremiados y ofrecer trabajadores calificados para las empresas) y 3.- Crear fondos de previsión para sus afiliados y familiares. Por supuesto que estas funciones no deben ser exclusivas de estas instituciones y es necesario que las mismas también compitan libremente con por ejemplo las universidades e institutos de enseñanza, con las empresas de búsqueda de empleos y con las empresas que brindan fondos de pensiones, aseguradoras, etc. Si los sindicatos cumplen sus reales objetivos de la mejor manera y compitiendo libremente, estos se convierten en instituciones que cumplen una extraordinaria función en la sociedad.

Presupuestos ocultos:	**Transparencia económica:**
El socialismo normalmente esconde o miente sobre su desempeño económico (No olvidemos como durante años la antigua Unión Soviética mantuvo oculta tras la cortina de hierro, las hambrunas y el descalabro económico que sufrieron durante años) En estos sistemas los gobernantes se creen dueños de los recursos del estado, utilizando los ingresos provenientes de estos o de la recaudación de impuestos de manera indiscriminada. Realizan obras de infraestructura con procesos muchas veces amañados, las licitaciones públicas son pocas y sin transparencia, el gasto público y el llamado presupuesto de la nación es a veces desconocido para el ciudadano. Es evidente que de esta manera se crean muchos incentivos para el aumento de la corrupción.	Los ingresos de una nación desde el punto de vista del liberalismo, deben provenir en el peor de los casos de los impuestos o del cobro de los servicios prestados por el estado. Siendo así se sobreentiende que esos ingresos provienen del trabajo de los ciudadanos y son su aporte para que los gobiernos puedan cumplir de manera eficiente con sus funciones básicas (seguridad, infraestructura, ley y orden). Es decir los gobiernos viven de las contribuciones en materia de impuestos o pagos de servicios de los habitantes de la nación, no al revés. No son los habitantes los que deben vivir de los ingresos que percibe el estado por el manejo de los recursos de la nación. Si retomamos el ejemplo del edificio dado en páginas anteriores, podemos comparar lo que sucede en un condominio residencial. Los propietarios de los apartamentos pagan una cuota mensual a la junta para que esta se encargue del mantenimiento de las áreas comunes, la seguridad, los equipos que garantizan los servicios públicos, etc. Como los propietarios y la junta entienden que ese dinero es de los primeros, mensualmente emiten un reporte detallado en el que se especifica en qué se usó el dinero del condominio, incluyendo gastos operativos ordinarios

	(mantenimiento de la infraestructura del aparato del estado incluyendo sueldos y salarios de los servidores públicos), inversiones extraordinarias (Obras de infraestructura, equipamiento para la defensa de la nación, etc) y aportes a fondos de reserva (Reservas Internacionales). Siguiendo con este ejemplo es poco probable que los propietarios que mensualmente pagan una cuota de condominio se hagan de la vista gorda si notan algún deterioro en el edificio, o de un día a otro no existe personal de seguridad con la excusa de que no hay recursos, o si empiezan a fallar los ascensores o la bomba hidroneumática que lleva agua a los apartamentos. Mucho menos verían con buenos ojos si el presidente de la junta decide hacer una fiesta para los propietarios con los ingresos del condominio sin aprobación de estos últimos. En esta situación como mínimo habría una protesta generalizada, la creación de una junta interventora y seguramente la elección de una nueva directiva. Cuando entendamos que los gobernantes son solo servidores públicos y que son empleados del estado para cumplir con las funciones que le corresponden, en esa misma medida sabremos como ciudadanos exigir la eficiencia, la disciplina en el gasto público y la transparencia administrativa gubernamental.

Todos estos elementos llevan a un lugar, a un punto de llegada:

GOBIERNO TOTALITARIO	GOBIERNO LIMITADO
Autoritarismo / Socialdemocracia + Populismo + Socialismo Económico	**Libertad + Democracia Liberal + Economía de Mercado**
Estatización de la Pobreza	Erradicación de la pobreza
Mercados reprimidos	Mercados productivos
Autoritarismo	Sistema democrático
Odio y guerras interna	Paz social
Corrupción desbordada	Transparencia gubernamental
Eliminación de la propiedad	Respeto a la propiedad privada
Justicia por conveniencia	Estado de derecho
Asesinatos – Robos - Impunidad	Seguridad ciudadana
Pérdida de libertades	Libertad

Estos son solo algunos ejemplos y enunciados que son en sí mismos conceptos e ideas con mayor o menor nivel de complejidad en su análisis detallado, pero que sirven para entender que son pocos por no decir ninguno los puntos de encuentro entre la ideología socialista y la liberal, entre la derecha y la izquierda, entre el autoritarismo y la libertad.

Una verdadera oposición que esté lista para dar la batalla ideológica sabe que son dos modelos poco compatibles y por ende, no cede en el debate ni en sus principios con el único fin de agradar a un colectivo o peor aún a su adversario político.

Los ciudadanos dispuestos a dar un paso al frente en la defensa de la democracia liberal, del liberalismo y de la libertad en todos sus matices, debe mantener sus principios claros para evitar caer en la demagogia y el clientelismo político y partidista.

Siendo así, quienes se sumen lo harán por convencimiento y pasión por sus ideales, no buscando negocios ni prebendas; y eso es un primer paso fundamental para generar un verdadero cambio en la sociedad y en los actores de la nueva política venezolana.

Queda decidir si queremos seguir andando por un camino mil veces recorrido y que nos ha traído donde estamos como nación; o en definitiva es la hora de cambiar el rumbo y transitar por un camino distinto. Esa ruta que otras grandes naciones han tomado para lograr su desarrollo y lo más importante, el mejoramiento de la calidad de vida de sus ciudadanos.

En este contexto la lucha debe ser por un país en donde cada uno de sus ciudadanos entendiendo el papel que cumplen dentro de la sociedad, aplicando los principios fundamentales de libertad, conociendo sus deberes y sabiéndose protegidos por la aplicación de una verdadera justicia en defensa de sus derechos; puedan trabajar en paz. De esta manera el desarrollo y la generación de riqueza producto de esta forma de convivencia, sería el resultado lógico y natural.

Termino con la misma frase con la que comencé este libro y que es un simple llamado a la reflexión y la acción: ¡Otra Venezuela es Posible!

El Enemigo es el Socialismo

Lic. Leonardo Ramos
MMXX